Gabriel Palacios

Gib deiner Angst keine Macht!

Gabriel Palacios

Gib deiner Angst keine Macht!

Wie du in bewegten Zeiten zur Ruhe und zu dir selbst kommst

allegria

MIX
Papier
FSC® C014496

Allegria ist ein Verlag der Ullstein Buchverlage GmbH

ISBN: 978-3-7934-2430-7

2. Auflage 2020

Umschlaggestaltung: Simone Mellar, zero-media.net, München
Coverfoto © Hans Scherhaufer
Satz: LVD GmbH, Berlin
Gesetzt Goudy Old Style
Druck und Bindearbeiten: GGP Media GmbH, Pößneck
Printed in Germany

Inhaltsverzeichnis

Vorwort

Die Energie, die dich antreibt, ist die Kraft der Verbundenheit. Gehst du auf dem Zeitstrahl ganz weit zurück, so erkennst du, dass auch dein Leben mit dem Gefühl der Verbundenheit begann.

Als Experte für Hypnosetherapie ist mir klar, dass unser Unterbewusstsein bereits im Mutterleib die Verbindung und ihren Wert wahrnimmt. Dank dieser wertvollen, auch geweblich existierenden Verbindung können wir wachsen, können uns entwickeln und überhaupt: existieren. Sobald wir uns groß genug fühlen in der schönen, warmen Wonne der Geborgenheit, erkunden wir die Welt um uns herum und die damit verbundenen Dimensionen. Wir erkennen, dass diese »Wand« um uns herum nachgibt, sobald wir nur mit Händen und Füßen dagegendrücken. Wir erahnen eine weitere Dimension, von der wir noch nichts wissen, außer dem, was uns davon von draußen zu Ohren kam. Dann entscheiden wir, die Reise anzutreten. Kopfüber.

In der neuen Dimension angekommen, werden wir von der bisherigen Form der Sicherheit abgetrennt. Wir haben keine gewebliche Verbundenheit mehr. Wir haben keine einverleibte Sicherheit mehr. Also suchen wir im Laufe der Zeit die Verbundenheit auf anderen Ebenen: über Berührungen, Streicheleinheiten, körperliche Nähe, Worte, Komplimente. Kurzum: Aufmerksamkeit.

Gelobt zu werden, gibt uns emotionale Sicherheit. Wenn wir wohltuende Berührungen wahrnehmen. Wenn man uns nahe ist. Wenn man auf unsere Nachrichten in angenehmer Ausführlichkeit antwortet. Immer dann erinnert sich unser Unterbewusstsein an dessen eigentliches Ziel: Verbundenheit.

Wir sind soziale Wesen, leben in Familien und sind von anderen Menschen umgeben, und doch fürchten wir latent den Verlust der Verbundenheit, dass schon der bloße Gedanke daran zerschmetternd ist. Dann gehen wir Kompromisse ein und tun immer genau das, was den anderen gefällt, damit wir nicht abgelehnt oder ausgegrenzt werden. Wir folgen der Meinung anderer, weil wir meinen, so die Verbundenheit sicherstellen zu können. Wir tun nicht das, was wir gern tun wollen, nur, damit wir nicht allein sind.

Offenbar ist das ein Urtrieb, an den uns unser Steinzeitgehirn hier erinnert: der Trieb, nicht aus der Herde ausgeschlossen zu werden. Tiere, die von der Herde abkommen oder ausgestoßen werden, sind leichte Beute für jedes Raubtier. Infolgedessen sichert es das Überleben, der Herde zu folgen und damit die eigene Meinung oder gar den eigenen Mut zu untermauern.

Erinnern wir uns an unser kleines Ich in uns. Dieses Ich hatte Mut. Sobald es sich stark genug fühlte, ging es auf die Reise, ohne zu wissen, was es dort erwartete. Und nicht nur das: Es tat es sogar kopfüber.

Wir sollten uns also immer wieder zu an diese schöne Ressource in uns erinnern, die ein starker Teil von uns ist. Wir sollten den Mut haben, den Weg zu gehen, den wir in uns spüren. Und wir sollten im Wissen sein, dass es die absolute Sicherheit nicht gibt. Menschen wollen vorausblickend die Gewissheit haben, dass sie auch dann in Sicherheit sind, wenn sie vom bisherigen Weg abbiegen. Doch diese Gewissheit kann uns niemand geben, denn diese Sicherheit gibt es nicht. Wir wissen nicht, ob wir an einem sicheren oder schönen Ort ankommen, wenn wir die Herde verlassen und unseren eigenen Weg gehen. Vielleicht sehnen wir uns sogar nach der Herde zurück. Vielleicht bleiben wir aber auch stark, weil wir uns erinnern, dass die kollektive Angst der Herde und das Erreichen einer schönen, idyllischen Oase immer nur ein utopischer Gedanke war.

Unser kleines Ich in uns fühlte sich einst stark genug. Es schöpfte Kraft aus der Verbundenheit, um den Weg in die neue Dimension zu wagen. Es hatte nicht nur eine Mauer um sich gehabt, sondern war ganz und gar eingekapselt gewesen. Dies hinderte es nicht an seinem Ausbruch. Auch nicht der Gedanke, dass die Tür in die neue Dimension eigentlich viel zu klein war. Es hatte den Mut, in der Verbundenheit kopfüber dem inneren Gefühl Folge zu leisten, und kaum war es in der neuen Dimension angekommen, brauchte es die bisherige Verbindung nicht mehr, sondern suchte sich eine neue Form der Verbundenheit.

Angst ist für unser Unterbewusstsein nichts anderes als

das Gefühl einer fehlenden Verbindung. Daran erkennen wir, dass wir genügend Potenzial in uns tragen, um unserem Unterbewusstsein unter die Arme greifen zu können.

Und genau hierbei möchte ich dich unterstützen: Ich möchte dich mit der Essenz meiner Bücher, mit allem, was ich je zum Thema Angst geschrieben habe, dabei anregen, dass du dich damit vertraut machst, statt dass sie Macht über dich gewinnt. Dafür nutze ich mein tiefes Wissen, mit dem ich bereits Tausenden von Menschen helfen konnte. Und wenn du in Zukunft, egal in welcher gesellschaftlichen oder privaten Krise, durchschaust, *wer* da eigentlich *wovor* Angst hat und ob die Angst wirklich in diesem Ausmaß begründet ist oder nicht, so wirst du zwischen der kollektiven Angst der Herde und deinen eigenen Ängsten differenzieren und deinen Weg für dich sinnvoll gehen und gestalten können.

Komm mit mir auf deine Reise, nicht physisch kopfüber, aber im Geiste.

Dein
Gabriel Palacios

Das Phänomen Angst, einfach erklärt

Ich befasse mich schon seit eh und je mit dem Unterbewusstsein und infolgedessen auch mit der Angst. Die Angst ist ein Parameter, das im Unterbewusstsein immer wieder mitspielt. Aber was ist das eigentlich, die Angst?

Dein Gehirn kennt mehrere Modi, einer davon ist der Modus der Angst. Angst ist vergleichbar mit einem Frühwarnsystem. Stell dir die Angst vor wie einen Bewegungsmelder vor deiner Tür. Der soll anspringen, wenn sich vor deiner Tür Ungewöhnliches tut. Allerdings kann dieser Bewegungsmelder nicht zwischen wirklichen Gefahren und möglichen Gefahren unterscheiden. Er schaltet sich auch dann ein, wenn eine Katze vorbeiläuft oder ein Vogel vorbeifliegt, und nicht ausschließlich dann, wenn ein Einbrecher vor der Tür steht.

Genauso verhält es auch mit unserem Geiste. Im Folgenden beziehe ich mich auf negative Erfahrungen, die jeder von uns im Leben gemacht hat: Unser Geist vergleicht eine solche vergangene Situationen mit der aktuellen Situation und sagt: »Achtung! Was gerade geschieht, hast du so oder so ähnlich schon einmal erlebt.« Jetzt kommt die Angst ins Spiel. Sie warnt dich davor, das Geschehen aus der Vergangenheit könne sich jetzt wiederholen. Angst warnt dich, mahnt dich zur Vorsicht. Sie hilft dir, dein Überleben zu sichern. Dir muss bei alledem eins klar sein, und das solltest du verinnerlichen: So klar die Angst als Schutzfunktion für dein Leben definiert ist, so klar muss dir sein, dass sie kein zuverlässiger Betreuer ist. Ein weiterer wichtiger Faktor im Handeln eines Menschen ist die Vernunft. Von der Warnung vor bereits Erlebtem bekommt die Vernunft nichts mit. Während wir in der Angst sind, ist unsere Energie nicht gleichzeitig in der Vernunft. Der Mensch kann nicht vernünftig und ängstlich zugleich sein, hier gibt es nur ein Entweder-Oder.

Je mehr Angst wir haben, desto unvernünftiger werden wir. Und je vernünftiger wir handeln, umso weniger Angst haben wir. Werden die Informationen unseres Hirns über die Vernunft verarbeitet, dann dauert es länger bis zu unserer Reaktion. Ist unser Gehirn überreizt und wir müssen schnell handeln, durchläuft die Information unseres Hirns das limbische System, also den von Emotionen geprägten Bereich über die Amygdala, den Mandelkern. Diese Information muss sehr schnell verarbeitet werden und zu einer sofortigen Reaktion führen. Wir handeln dann aus dem Affekt.

Hast du Angst, bedeutet das, dass die Energie in deinem Gehirn nicht an der »richtigen« Stelle ist. Mit »richtig« oder »falsch« bezeichne ich, was in Folge für ein gutes oder schlechtes Gefühl in uns sorgt. Spürst du die Energie in deinem Kopf an der falschen Stelle, dann musst du dir ins Bewusstsein rufen, dass du gerade nicht in der Vernunft bist und das ändern solltest. Angst kann ein Lebensretter sein. Angst kann aber auch überschwappen und die Oberhand gewinnen. Dann wird sie zur Panik.

Panik ist kein guter Begleiter. Sind wir panisch, können wir nicht mehr in die Vernunft gehen. Dann ist der Weg blockiert von Emotionen, die uns leiten und kontrollieren.

Wir brauchen keine Neurowissenschaftler zu sein, um das menschliche Gehirn und seine Funktionalität grob zu verstehen. Bezüglich der Angst sind drei Teile unseres Gehirns sehr maßgebend; es sind Hirnareale und ebenfalls Gehirne.

Das Großhirn:

Es ist das »Denker-Hirn«, das für die analytischen Aufgaben zuständig ist. Verwenden wir unsere Vernunft, dann verwenden wir vorwiegend das Großhirn.

Kommen wir mit der Vernunft nicht weiter, aktiviert sich das nächste Gehirn, das limbische System oder auch »Emotions-Gehirn«:

Es liegt unter dem Großhirn und besteht aus einer Ansammlung von Hirnstrukturen, die genau dann zum Zuge kommen, wenn emotionale Prozesse im Gange sind. Es ist also der Sitz der Gefühle. Wenn wir Emotionen oder Lust verspüren, dann ist dieses System aktiv. Entsprechend überreizt es uns bei Angst. Sobald Letzteres geschieht, aktiviert sich das nächste Gehirn das Reptilienhirn oder auch »Überlebens-Hirn«:

Es kontrolliert überlebensnotwendige Funktionen wie Atmung, Puls und Verdauung und ist nicht nur der wichtigste Teil, sondern auch (vom Zeitpunkt seiner Anlage her) der älteste Teil unseres Gehirns. Wird es überreizt, werden unsere archaischen Programme – die Überlebensprogramme – reaktiviert, der Angriff, die Flucht oder die Resignation (als Schockstarre).

Dieses Überlebens-Hirn wird bei übermäßiger Reizung des limbischen Systems aktiviert. Deshalb schaltet es sich bei Angst ein. Angst ist eine Überreizung des Gehirns.

Du entscheidest selbst, ob du dich von der Angst lenken lässt oder nicht, indem du lernst, immer wieder in die Vernunft – ins Großhirn – zu gehen. Das kann man trainieren. Man kann üben, achtsam mit sich selbst und den inneren geistigen Prozessen gegenüber zu werden. Wenn allein dieses Bewusstsein in dir schon etwas ausgelöst hat, dann habe ich erreicht, was ich erreichen wollte: dass du Leichtigkeit und Klarheit empfindest. Mit diesem Wissen kannst du dir selbst dabei helfen, dich nie wieder von Angst kontrollieren zu lassen.

Der Angst von drei Seiten begegnen

Illusionäre Ängste

Analysiere die Ängste, die dich daran hindern, eine bestimmte Entscheidung zu treffen. Tauche anschließend tief in diese Ängste ein und erkenne, dass der größte Teil deiner Ängste rein illusionär ist und keinen Realitätsbezug hat. Wurden die Ängste erst mal als Hirngespinste entlarvt, so kann der Weg in bestimmte Entscheidungen gebahnt sein.

Unangenehme Emotionen

Emotion ist ein Parameter, der mit keinem anderen vergleichbar ist. Emotion hindert und verbindet, Emotion schwächt und stärkt.

Die Angst vor negativen Emotionen hindert uns oftmals daran, wünschenswerte Entscheidungen zu treffen. Konfrontierst du dich jedoch in alltäglichen Angelegenheiten öfters mit unangenehmen Gefühlen, so bringst du auf diese Weise deinem Unterbewusstsein bei, dass auch unangenehme Gefühle irgendwo einen positiven Wert in sich bergen.

Du lehrst dein Unterbewusstsein die Konfrontation mit unangenehmen Emotionen und stärkst dich im Rahmen jeder einzelnen Konfrontation zugleich, weil du lernst, Lösungen zu finden. Dadurch machst du es dir selbst leichter, auch Entscheidungen zu treffen, welche unangenehme Emotionen zur Folge haben könnten. Denn für jeden Schatten braucht es Licht.

Das erste Gefühl des Tages

Unser Unterbewusstsein verarbeitet pro Sekunde ein Vielfaches dessen, was unser Bewusstsein zu verarbeiten imstande ist. Sämtliche Gefühle, Ängste, Sorgen, Motivationen und Ziele verarbeitet das Unterbewusstsein jeweils nachts, während wir schlafen. Dies wird uns meist durch unsere Träume bewusst. Deshalb solltest du heute mit einer in dir offenen Entscheidungsfrage schlafen gehen und morgen gleich während oder nach dem Erwachen auf jenes Gefühl hören, das aufkommt, wenn du an deine Entscheidungsfrage denkst.

Wie du dich aus der Angst nimmst

Es ist ein Gefühl, das dir die Luft abschnürt. Es ist ein Gefühl, als hättest du ein schweres Gewicht auf deinem Brustkasten oder einen dicken Kloß im Magen. Wann immer du ein solches Gefühl verspürst, dann handelt es sich wahrscheinlich um Angst. Wir empfinden Angst, verarbeiten die jeweilige Information von außen also sehr schnell, und sichern durch die ebenso schnell erfolgende Handlung unser Überleben. Wir können die Angst in unserer Evolution zurück bis in die Urzeit verfolgen. Der Mensch geriet in Gefahr, musste schnell entscheiden und fliehen, kämpfen oder resignieren. Das sind die archaischen Programme, die uns bis heute überleben ließen. Die Information »Gefahr!« durfte nicht erst über die Vernunft laufen. Bis zur Reaktion hätte es dann viel zu lange gedauert.

Denken wir ohne Vernunft – impulsiv und sozusagen »unvernünftig« –, dann kommuniziert uns unser Körper, dass wir gerade nicht vernünftig denken. Genau dann benötigen wir eine Technik, mit der wir wieder zurück in die Vernunft finden. Wie gelingt das? Mit Fokussierung.

Ich zeige dir, wie du immer dann, wenn du Angst hast, oder bestenfalls noch bevor du noch Angst hast und du spürst, dass sich eine Angst anbahnt, in diese höhere Energie kommst. Du lernst, wie du dich aus der Angst herausnimmst und in deine Vernunft findest.

Die Übung dazu ist ganz einfach und funktioniert auch mit geöffneten Augen. Lies meine Zeilen und folge den Vorstellungen, die ich dir gebe. Du wirst mit geöffneten Augen dissoziieren, was Tagträumen bedeutet.

Übung: Wie du dich aus der Angst nimmst

Stell dir vor, du betrachtest dich von außen, während du dieses Buch liest. Stell dir vor, wie du aussiehst, wie du das Buch in den Händen hältst und wie deine Position, deine Körperhaltung nach außen wirken.

- Du bist hier auf der Erde, steckst in deinen Verstrickungen, in deinen Emotionen.
- Jetzt nimmst du dich aus diesen Verstrickungen und Emotionen heraus. Als dein eigener Beobachter steigst du immer höher.
- Während du weiterliest und du dir von außen beim Lesen zuschaust, schwebst du auf der Höhe der Hausdächer und beobachtest dich aus der Ferne, wie du da unten auf der Erde liest.
- Du steigst weiter auf bis auf die Höhe der Wolken. Aus dieser Höhe – keine Sorge, du kannst in der Vorstellung schweben, du bist sicher –

schaust du auf die Erde hinunter und beobachtest dich dabei, wie du liest.

– Nun gehst du noch höher. Durch die Atmosphäre hindurch. Durch die Stratosphäre hindurch. Hinaus ins Weltall.
– Du steigst weiter auf bis zum Mond. Du bleibst auf dem Mond. Wie sieht der Mond aus? Welche Beschaffenheit hat sein Boden? So wundersam ist er. Der Mond urteilt nicht, er *ist* einfach. Wunderschön geschmeidig kreist der Mond um die Erde. Du beobachtest vom Mond aus, wie du da unten auf der Erde sitzt und liest.
– Nun verschiebst du deinen Fokus. Du konzentrierst dich nur noch auf den Mond. Nur noch auf den Mond. Denke an nichts anderes, denke nur an den Mond. Stell dir vor, was du Spannendes auf dem Mond beobachten kannst. Was geschieht gerade auf dem Mond? Stelle dir vor, egal wie abstrakt es ist, was sich auf dem Mond Schönes abspielt. Während du dieser Sache deine Aufmerksamkeit schenkst, die sich völlig ohne beurteilt zu werden, auf dem Mond abspielt, hast du vergessen, was dich da unten auf der Erde beschäftigt hat.
– Der Mond ist ein treuer Begleiter, ohne den es auf der Erde kein Leben gäbe. Und erinnere dich: Der Mond urteilt nicht. Er *ist* einfach. Er

begleitet, er schaut der Erde zu. Und immer dann, wenn deine Gedanken wieder abschweifen, bleibst du auf dem Mond. Du gehst immer wieder zurück auf den Mond. Denke an den Mond, bleibe nur beim Mond, denke an nichts anderes, denke nur an den Mond. Du nimmst dich aus allem Erlebten raus und bist auf der Ebene des Mondes. Bist in deiner Ruhe. Bist fernab von der Angst. Bist fernab von all den Verstrickungen auf der Erde.

– Und wenn du nun wieder zurück auf die Erde schwebst, zurück in deine Rolle, in deine Haut, in deinen Kopf, so bleibt diese wunderbare Ruhe des Mondes in dir spürbar bestehen.

Mit dieser einfachen Übung hilfst du deinen Gedanken, nicht voreilig in die Beurteilung zu gehen. Denn auch Angst ist ein Urteil deines Geistes.

Wenn du diese Übung trainierst, mit geschlossenen oder geöffneten Augen, so wirst du schließlich in nur wenigen Sekunden in deine geistige Ruhe finden, noch bevor dich die Angst überwältigen kann. So trainierst du dein Gehirn, richtig zu fokussieren. Außerdem trainierst du dein Gehirn darin, nicht voreilig in die Beurteilung einer Situation zu gehen und vor allem, nicht zu sehr in die Angst zu gehen, sondern bei dir zu bleiben, fernab von der Angst, fernab von unangenehmen Emotionen. Nach jeder

Übung wird ein Teil deines Geistes immer noch in dieser wertfreien, leichten und aus der Angst herausgenommenen Energie bleiben können. Genau das ist das Ziel. Durch ihre Wiederholung wird die Intensität noch stärker und du selbst mit der Zeit viel ruhiger und entspannter – und damit auch ein großes Stück unantastbarer.

Positiv programmieren

Seit ich denken kann, befasse ich mich mit den Möglichkeiten und den vermeintlichen Grenzen unseres Geistes, den ich als faszinierend empfinde. In diesem Zusammenhang möchte ich dir zeigen, dass und wie du dein Unterbewusstsein positiv programmierst. Mit einem positiven Programm in dir findest du auch in turbulenten Zeiten den Zugang zum Positiven.

Äußere Umstände können Ängste in uns auslösen. Diese Reize von außen sind sogenannte »Trigger«[1] Wie überall gibt es neben dem Negativen, dem Beängstigenden, auch das Positive, das Ermutigende, und so gibt es auch positive Trigger, so genannten »Anker«. Anker erinnern uns an schöne Momente aus unserer Vergangenheit. Ein schönes Beispiel dafür ist der Geruch von Zimt, der uns sofort an Weihnachten denken lässt. Ein typischer positiver Trigger, ein Anker. Genauso gibt es Dinge, die uns schlechte Erlebnisse in Erinnerung rufen. Für jemanden

1 Englisch für »Auslöser«

ist ein bestimmtes Musikstück eine Offenbarung, einen anderen bewegt dasselbe Stück zum Abschalten des Radios, weil es ihn an eine schmerzhafte Trennung erinnert. Wichtig ist es, den eigenen Geist so zu programmieren, dass das eigene Unterbewusstsein immer wieder an das Positive erinnert wird. Nur so wird dein ganzes Denken positiv ausgerichtet. Du unterliegst nicht mehr der Gefahr, ständig von irgendwelchen Dingen von außen getriggert zu werden.

Es gibt sogenannte Anker-Techniken. Als Experte des Unterbewusstseins möchte ich dir zeigen, wie du diese Anker für dich findest und eine ganz spezifische Anker-Technik für dich anwendest. Mit dieser Technik wirst du immer wieder zu innerer Ruhe, zu innerer Stärke und zu innerem Halt finden. Programmierst du dein Unterbewusstsein auf das Positive, wirst du unantastbarer für die Trigger von außen. Wenn du dazu bereit bist, dann lass uns eine einfache Übung machen.

Hypnotische Übung, um dein Unterbewusstsein positiv zu programmieren

- Setze oder leg dich entspannt hin, und schließe deine Augen für einen kurzen Moment.
- Nimm einen tiefen, ganz tiefen Atemzug.
- Atme aus und fühle, wie sich die Entspannung in deinem Körper ausbreitet. Während du diese Zeilen weiterliest, spürst du, wie die Entspannung immer

tiefer geht. Ein Teil deines Geistes ist dabei immer noch wach genug, um diesen Zeilen zu folgen.

- Stell dir vor, du könntest durch bloße Fantasie durch dein linkes Nasenloch einatmen und durch dein rechtes Nasenloch wieder ausatmen.
- Währenddessen fühlst du, wie die Ruhe in dir immer tiefer und tiefer wird. Du näherst dich all den positiven Erinnerungen deines Geistes.
- Erinnere dich an einen schönen Moment aus deiner Vergangenheit, in dem du ganz starken Halt, ganz starke Sicherheit und dich für kurze Zeit unsterblich gefühlt hast. Erinnere dich an jenen schönen Moment, in dem du dich, wenn auch nur kurz, unbesiegbar gefühlt hast. Erinnere dich an jenen noch so kurzen Moment, in dem du dich innerlich stark, sicher und ruhig gefühlt hast. Schau dir an, welchen schönen Moment aus deiner Vergangenheit dir dein Geist zeigt, während dein Blick über diese Zeilen gleitet.
- Nimm diesen Moment wahr. Greif diesen Moment auf. Und während du diesen Zeilen folgst, tauchst du in diesen Moment ein.
- Währenddessen drückst du Daumen und Zeigefinger deiner starken Hand zusammen. So entsteht ein Kreis, der durch Daumen und Zeigefinger geschlossen wird.
- Während du an diesen schönen Moment denkst,

speicherst du diesen schönen Moment mit Daumen und Zeigefinger. Du verewigst diesen schönen Moment in dem Kreis.
So entsteht zwischen deinem Daumen und Zeigefinger eine Art Schalter. Drückst du Daumen und Zeigefinger irgendwann wieder gegeneinander, aktivierst du diesen Schalter und damit auch die schöne Erinnerung aus deiner Vergangenheit. So aktivierst du auch die schönen Gefühle des inneren Halts und der Sicherheit in dir. Lässt du Daumen und Zeigefinger wieder los, spürst du, wie diese wunderbare Energie durch deinen gesamten Körper strömt. Von deinen Fingern, die du zusammengepresst hast, den Arm hoch, in den gesamten Körper. Du spürst, wie sich diese Sicherheit und diese innere Ruhe in deinem gesamten Körper verteilen.

Mit dieser einfachen Übung kannst du immer wieder – per Schalterdruck – deinen inneren Halt, deine Ruhe, deine Stärke aktivieren.

– Löse nun wieder deine Finger, und fühle, wie sich dein Organismus ruhig und innerlich stark zugleich fühlt.

Mit dieser einfachen Übung sollst du dich selbst immer wieder mit dem Positiven deines Geistes verknüpfen können. All diese schönen Erinnerungen sind dann in diesem

Schalter vereint. Aktivierst du ihn – in schwierigen Situationen kannst du das auch unbemerkt tun –, wird dein Unterbewusstsein unwillkürlich an diese schönen Momente denken. Ganz unbewusst wirst du dich stärker, freier und damit auch innerlich ruhiger und sicherer fühlen.

Dies ist eine der oben erwähnten Anker-Techniken. Mit dieser spezifischen Technik hast du einen direkten Zugang zu deinem Unterbewusstsein. Hat dich diese Übung vorangebracht, dann wende sie immer wieder an, und programmiere damit deinen Geist. Mit jeder Wiederholung werden die Übung und ihre Wirkung intensiver.

Von der Kraft der Angst

Ich war noch nicht einmal sechs Jahre alt, als ich am eigenen Leib erfahren musste, wie schmerzhaft es sich anfühlt, wenn von einen Moment auf den anderen nichts mehr ist, wie es einmal war. Mein Papa war weg. Und würde nie mehr zurückkommen. Und dies, obwohl wenige Sekunden, bevor all dies geschah, die Welt noch in Ordnung war.

Rund drei Monate waren vergangen, seit mein Vater von dieser Welt gegangen war und ich in den Kindergarten musste.

Es kommt mir so vor, als wäre es gestern gewesen, dass mich meine Mutter in den Kindergarten brachte und sich daraufhin verabschieden wollte. Ich erinnere mich an den Kindergarten. Den Vorgarten vor dem Haus des Kindergartens. Die festen, beinahe furchterregenden Strukturen, die es auf einmal gab. Dieses Gefühl, sich der Gruppe und dem System fügen zu müssen. Den Geruch des Kindergartens. Die Kinder, die alle so fröhlich waren. Und ich als Einziger, der weinte und all dies noch nicht verstand. Ich fühlte mich, als wären mir alle anderen Kinder weit voraus. Und ich verstand, dass diese Kinder glücklicher waren, weil sie noch immer beide Eltern hatten. Ich dagegen nicht mehr.

Am ersten Tag brach ich in Tränen aus und flehte

meine Mutter an, nicht wegzugehen. Ich hatte unheimliche Angst, dass nun auch sie noch weggehen würde. Angst, dass ihr etwas zustoßen könnte.

So weinte ich jeden einzelnen Tag, den ich im Kindergarten war. Jeden einzelnen. Mit der Zeit dann vermehrt für mich allein. Ganz heimlich.

Schnell lernte ich, dass ich meine Tränen nicht mit den Ärmeln meines Pullis abwischen durfte. Weil man mir so ansah, dass ich weinte. Und meine Augen blieben durch die Reibung des Pullovers oftmals über längere Zeit etwas rötlich und aufgedunsen. So eignete ich mir an, mir meine Tränen nur noch mit den Händen abzuwischen, wenn ich für mich möglichst alleine in einer einsamen Ecke des Kindergartens war.

Die Mädchen spielten nur selten in der Puppenecke. Deshalb saß ich oftmals in einer verlassenen Ecke dieses Bereiches und war in meine Gedanken vertieft. Ich weinte und überlegte und weinte. Manchmal setzte ich mich auch in die Malecke, wenn dort niemand war. Oft ging ich auch einfach an jene Stellen in dem großen, offenen Raum, die verlassen waren, und spielte mit dem, was ich dort fand – ziemlich freudlos, einfach nur, damit ich meine Ruhe haben konnte. Ich hatte so gut wie nie Lust, mit den anderen Kindern zu spielen. Selbst wenn mich Kinder zum Spiel motivieren wollten, ließ ich mich nur selten überreden. Und dann meist nur für wenige Minuten. Danach weinte ich wieder und verkroch mich in einer stillen Ecke, in der ich für mich alleine sein konnte. Mein einziges Ziel war es, wieder nach Hause zu dürfen. Zu meiner Mama.

Selbst wenn wir in der Gruppe im Kreis saßen und meine Kindergärtnerin irgendwelche Spiele mit uns machte, musste ich mich in den allermeisten Fällen zusammenreißen, vor der Gruppe nicht zu weinen.

Ich erinnere mich an einen Moment, als wir alle im Kreis sitzen mussten und unsere Kindergärtnerin uns in der Gruppe beibringen wollte, wie man aus einer Karotte eine Flöte schnitzen konnte. Keine, auf der man wirklich spielen konnte. Aber die wie eine Flöte aussah. Ich erinnere mich daran, wie ich mich innerlich stärken musste, meine Tränen zurückzuhalten und nicht über meine Augenlider kullern zu lassen. Ich erinnere mich, wie ich durch die in meine Augen geschossenen Tränen alles verschwommen sah und ich mich immer wieder etwas gedulden musste, bis die Tränen von meinen Augen nach und nach beinahe wie aufgesogen wurden. Die Erinnerung an jene Momente verdeutlicht mir, dass ich mich schon als Kind meinen Ängsten stellen wollte.

Ich war in Gedanken meist bei meiner Mutter. Ich versuchte mir die ganze Zeit vorzustellen, wo sie nun wohl war. Sie machte in unzähligen Häusern die Hauswartung, die sie nun auch für ihren verstorbenen Mann übernehmen musste. Ich kannte alle Häuser, weil sie mich oft dorthin mitnehmen musste, wenn ich vor lauter Heimweh mal wieder nicht im Kindergarten bleiben konnte. Schon ganz früh lernte ich zu zählen, wenn sie morgens zu mir sagte: »Heute müssen wir nur fünf Treppenhäuser putzen.« Und mit jedem Haus, das dazukam, sagte ich: »nur noch drei« oder »nur noch zwei«. Ich wusste oftmals auch, welche

Aufgaben sie in welchem Haus hatte. Bei einem Haus musste sie zum Beispiel nicht nur das Treppenhaus putzen, sondern auch ab und an den Rasen mähen. Bei einem anderen Haus hingegen musste sie vor der Tür den Weg kehren.

Wenn ich im Kindergarten war, stellte ich mir beinahe ständig vor, bei welchem Haus sie wohl gerade sein könnte, und zählte derweil die Minuten, bis ich nach Hause gehen konnte.

Oft kam mich mein drei Jahre älterer Bruder Sancho vom Kindergarten abholen, wenn meine Mutter aufgrund der vielen Arbeit keine Zeit dazu fand, und wir liefen gemeinsam nach Hause. Sancho war zu dem Zeitpunkt bereits in der zweiten Klasse, und die Schule war nur rund dreihundert bis vierhundert Meter vom Kindergarten entfernt. Kaum war ich zu Hause und meine Mutter endlich auch da, war alle Trauer verschwunden, und die Sicherheit kehrte ein.

Unsere Mutter musste oft und lange arbeiten, um alle Rechnungen zu bezahlen und uns sieben Kinder durchfüttern zu können. Und dennoch war sie in einer Präsenz mit ihrer Liebe für uns da, die kaum in Worte zu fassen ist.

Es war meine größte Angst, nach dem Verlust des Vaters auch meine Mutter verlieren zu können. Wenn sie abends zum Beispiel mit einer Freundin einen Kaffee trinken ging, so wusste sie bereits Bescheid, dass sie mich, um mich zu beruhigen, rund alle zwei Stunden von einer Telefonzelle aus anrufen musste.

Als dann die Handys aufkamen und ich zwischen acht

und zehn Jahren alt war, musste sie das Handy stets bei sich tragen, damit ich sie immer von Neuem anrufen konnte. Wenn sie das Gespräch entgegennahm, lächelte ich oftmals etwas verlegen ins Telefon und fragte: »Lebst du noch?« Diese übermäßige Besorgnis war mein jeweiliger, ganz cleverer Aufhänger, weshalb ich mir immer wieder die Erlaubnis gab, sie anzurufen.

Mit zunehmendem Alter wurde ich innerlich stärker und stärker. Bereits in der ersten Klasse änderte sich alles von Grund auf. Auf die erste Klasse freute ich mich sogar. Für mich war die Schule der erste Schritt ins Erwachsenwerden. Denn alle meine Geschwister waren bereits in der Schule. Ich war der Letzte.

In der Schule wusste ich, dass ich nun ganz stark sein musste, weil ich jetzt nach und nach erwachsen werden würde. Auch wenn ich vorerst so tun musste, als könnte ich nicht lesen und schreiben, um nicht aufzufallen, so freute ich mich dennoch darauf, einmal Noten zu bekommen. Bewertet zu werden. Denn alle meine älteren Geschwister sprachen ständig von Noten und von Tests.

Auch meine letzten Affektanfälle hatte ich mit sieben Jahren. In der ersten Klasse. Die Lehrer wussten Bescheid und wurden instruiert, dass ich ohnmächtig werden konnte. Dies geschah auch ab und an. Ich erinnere mich aber nur noch daran, wie es auf dem Pausenhof geschah, als mir Schüler hinterherrannten. Auch im Nachhinein schätze ich es immer noch sehr, wie ernst meine damaligen Mitschüler und Lehrer diese Anfälle genommen haben und wie sehr man sich um mich sorgte.

Diese Anfälle, die ebenso unberechenbar wie unvermeidbar waren, ließen in mir ein Gefühl der Hilflosigkeit aufkommen. Ich konnte die Anfälle nicht beeinflussen. Sie geschahen einfach. Und ich musste mich einfach geschehen lassen – im Vertrauen, dass ich hoffentlich nach der Bewusstlosigkeit wieder erwachen würde.

Ich lebte in einer ständigen Angst, von einem erneuten Anfall überwältigt und außer Gefecht gesetzt zu werden. Und zugleich trug ich die tiefe Angst in mir, auch noch meine Mutter verlieren zu können. Diese Angst spiegelte sich später in der Schule wider, im Gymnasium, in Freundschaften und Partnerschaften. Ich hatte Angst davor, die Menschen zu verlieren, die ich mochte. Ich hatte Angst davor, meine Leistungen in der Schule zu verlieren. Ich hatte – wie man so sagt – Verlustängste. Zudem hatte ich Angst, nicht vorhersehen zu können, wann mir wieder irgendein Schicksalsschlag einen Strich durch die Rechnung machen würde. Ich hatte Angst davor, dass Menschen mich oder meine Familie gefährden könnten, und begann schon früh – als Jugendlicher letztendlich bewusst – Menschen zu analysieren, noch bevor sie mir und meinen lieben Menschen hätten schaden können.

Heute bin ich dankbar, genau diese Angst in mir verspürt zu haben. Denn die Angst trieb mich an. Sie trieb mich an, nicht wegzuschauen, sondern zu handeln. Sie trieb mich an, mich der Hilflosigkeit zu stellen und Wege zu finden, ständig des eigenen Willens und der eigenen Handlung bemächtigt zu sein.

So hatte ich mit sieben Jahren meinen letzten solchen

Affektanfall. Die Verlustängste blieben, doch auch denen setzte ich ein Ende. Ich entwickelte ein Bewusstsein über unser Dasein auf diesem Planeten, wie ich es sonst wohl kaum erlangt hätte. Ich eignete mir eine Gelassenheit an, mich so, wie ich war, einfach geschehen zu lassen.

In der Schule nannte man mich Rotschopf. Man wollte meine Sommersprossen im Gesicht zählen. Und man hänselte mich. Bereits in der ersten Klasse. Doch mein Bewusstsein und meine nahen Begegnungen mit dem Tod ließen in mir das Gefühl erwachsen, dass alles in Ordnung war, so wie es war. Ich verstand sehr früh, dass jeder Einzelne die Möglichkeit in sich trägt, aus seinem Leben das Beste zu machen; eben das, was ihm das Leben anbietet. Und genau dafür entschied ich mich. Ich entwickelte vermehrt den Wunsch, den Schulweg ganz alleine zu bestreiten und ganz alleine nach Hause zu gehen. Der Welt da draußen zu zeigen, wie erwachsen ich bereits war.

Als ich in die vierte Klasse kam, steckte ich mir selbst das Ziel, von nun an alle meine Hausaufgaben ganz alleine zu lösen. Und meine Mutter verstand schnell, dass ich von der vierten Klasse an auch alle Hausarbeiten selbst machen wollte. Ich wollte wissen, wie man die Wäsche macht. Wie man sie trocknet. Wie man kocht und wie man all das tut, was Erwachsene tun. All das, was ich hätte tun müssen, hätte auf einmal unsere Mutter nicht mehr für uns da sein können.

Ich erinnere mich an eine Mathematikaufgabe, die man uns in der fünften Klasse stellte. Es ging um eine Kirche, deren Maße man berechnen musste. Und ich erinnere mich daran, wie diese Kirche aussah, die auf dem Aufgabenblatt skizziert war. Doch ich wusste die Lösung nicht. Und ich rechnete so lange, bis ich die Aufgabe verstand. Stunden vergingen. Einen ganzen Abend opferte ich ganz allein nur dieser Kirche, bis ich die Kirche in allen ihren Facetten sehen und berechnen konnte. Auf einmal verstand ich Mathematik.

Als ich in die siebte Klasse kam, musste ich die Schule wechseln, da die Primarschule nur bis zur sechsten Klasse ging. In der neuen Schule angelangt, war ich aufgrund meiner etwas überreifen Art ein begehrtes Objekt für Hänseleien. So trug ich beispielsweise keine Turnschuhe, sondern ausschließlich normale Schule. Ich wollte Hemden tragen. Ich war in mir bereit für die Erwachsenenwelt. Meine bis dahin gewonnene tiefe Verbindung mit dem Familienhund, der den Verlust des Vaters etwas weicher gestalten sollte, tröstete mich sehr. Der Hund hieß Enzo. Ein Cavalier King Charles Spaniel, ganz rubyfarben. Er verstand mich, ohne dass wir miteinander sprechen mussten. Rein nonverbal. Und wenn ich ab und an wegen der Hänseleien traurig nach Hause kam, leckte er meine Wange und zeigte mir, dass er mich verstand.

So kam mein erster Gedanke hinsichtlich möglicher Gedankenübertragung auf. Gedanken an Übersinnliches. Gedanken daran, dass man die Menschen also doch intensiver analysieren konnte, als gemeinhin angenommen. Ich meinte, entdeckt zu haben, dass es bestimmte Informationen gab, die ein Mensch aussandte, ohne es zu wissen. Wie auch ich Informationen ausgesandt haben musste, die Enzo scheinbar deuten konnte, die den Menschen aber verborgen zu sein schienen. Diese Überlegung gab mir und meinem Unterbewusstsein die Hoffnung, dass ich in Zukunft – würde ich diese Fähigkeit ebenfalls erlangen – Menschen würde besser lesen können. Dieser Gedanke gab mir die Gewissheit, diese Art Menschen, die mir oder meiner Familie Schaden zufügen könnten, vorab zu erkennen.

Und weil das Lesen von solch unsichtbaren Informationen von etwas »Übersinnlichem« zeugt, entwickelte mein Unterbewusstsein einen Drang, der Zauberei zu verfallen. So schenkte mir meine älteste Schwester zu Weihnachten einen Kurs bei einem Zauberer. Ich besuchte diesen Kurs – zuerst etwas enttäuscht, dass diese Art der Übersinnlichkeit für mich bis dato die einzig mögliche zu sein schien. Und doch entwickelte ich sehr rasch eine tiefe Begeisterung für die Fähigkeit zu zaubern. Weil auch ein Zauberer sein Publikum tief analysieren können muss. Ein Zauberer muss erkennen, welche Perspektive der Zuschauer hat. Er muss wissen, wie er den Zuschauer in seiner Perspektive täuschen und ihn zugleich ablenken kann. Eine faszinierende Kunst, die zudem wunderbare Illusionen entstehen lässt, die den Zuschauern die Möglichkeit gibt, von der harten, realen Welt etwas abzuheben – in eine Sphäre der Leichtigkeit und der Wunder. Außerdem gab mir die Zauberkunst das Gefühl, die Realität beeinflussen und kontrollieren zu können. Sie vermittelte mir eine Schein-Sicherheit darin, die Realität vielleicht auch dann verändern zu können, wäre sie erneut so negativ, wie sie es am 1. März 1995 war, als für unsere Familie eine Welt zusammenbrach.

So besuchte ich über mehrere Jahre regelmäßig die Zauberschule bei einem fantastischen Zauberlehrer. Und bereits als Teenager knüpfte ich erste Kontakte zu Mentalisten. Später dann auch mit Hypnotiseuren. Ich lernte noch als Minderjähriger, zu hypnotisieren und Gedanken zu lesen. Das Gedankenlesen gab meinem Unterbewusstsein scheinbar das Gefühl, die bösen Gedanken bedrohlicher Menschen rechtzeitig lesen und erkennen zu können. Und die Hypnose gab meinem Unterbewusstsein die Sicherheit, die Gedanken meines Gegenübers sogar hypnotisch beeinflussen zu können. Beispielsweise indem ich einem bedrohlichen Menschen gute Suggestionen gegeben hätte, sodass er für mich und meine Familie nicht mehr bedrohlich gewesen wäre.

Heute verstehe ich, dass ich mich einfach geschehen ließ. Heute erkenne ich, dass mein ganzer Werdegang Sinn macht. Es gibt einen Grund, weshalb ich tue, was ich tue. Der Grund ist meine Geschichte. Der Grund ist mein Unterbewusstsein und dessen Art, mit den gemachten Erfahrungen umzugehen.

Als Jugendlicher erfuhr ich dann, dass die Hypnose sogar auch heilend eingesetzt werden kann. Da stieg meine Begeisterung dafür erneut. Heute weiß ich, dass mein Unterbewusstsein im Grunde mit genau dieser heilenden Arbeit für meinen Papa da sein wollte. Doch nun war es zu spät, was mein Unterbewusstsein wohl nicht ganz verstand, weil das Unterbewusstsein kein Zeitgefühl hat.

Meine erste Hypnosetherapie führte ich an einer Freundin meines Bruders durch, welche unmittelbar nach der Hypnose von einer Phobie befreit war. Selbst ich war erstaunt, dass diese Technik wirklich derart rasch und effizient wirkte. Und dass es überhaupt funktionierte. Für die Therapie räumte ich das kleine Gartenhaus beim Elternhaus aus, legte den flauschigen Teppich aus meinem Zimmer dort rein, dazu stellte ich einen Stuhl und ein kleines Tischlein, dann nagelte ich meine allererste Hypnoseurkunde an die Wand des hölzernen Gartenhäuschens. Meine erste »Hypnosepraxis« war gegründet. Sogar mit elektrischem, mobilem Heizungskörper für die kälteren Monate. Noch im Jahr meiner Volljährigkeit gründete ich meine eigene Firma, machte so rasch wie möglich den Führerschein und kaufte mir mit meinem selbst verdienten Geld einen Gebrauchtwagen. Ich war unabhängig. Ich war frei. Die ganze Welt gehörte mir. Und neben meiner damaligen Tätigkeit als Magier, Mentalist und Hypnotiseur war ich noch im Gymnasium und bereitete mich auf den baldigen Abschluss vor. Mit neunzehn Jahren wurde ich von Uri Geller persönlich in dessen Casting zu seiner TV-Sendung eingeladen und war dadurch wenige Wochen später einem Millionenpublikum ausgesetzt. Ich wurde auf einmal als prominente Persönlichkeit angesehen, wurde in TV- und Radiosendungen interviewt, und nationale Zeitungen schrieben über meine Tätigkeit als Mentalist. Plötzlich wurde ich ständig auf der Straße angesprochen, was anfangs sehr ungewohnt war.

Im selben Jahr noch eröffnete ich meine allererste richtige Praxis. Ein Studio mit nur einem Raum, aber einer Toilette und einer kleinen Küche. Wunderschön und liebevoll eingerichtet. Ich versuchte schon damals, für die Leute, die sich von mir hypnotisieren lassen wollten, ein angenehmes, vertrauensvolles Ambiente zu schaffen.

So kam der Ball ins Rollen, und ich gründete im darauffolgenden Jahr eine Hypnosepraxis mit mehreren Räumen mitten in Bern und gründete meine erste richtige Firma: die Palacios Relations GmbH. Ich hatte meinen ersten Festangestellten, reiste für Shows und Infotainments umher, wurde von namhaften Firmen für Referate und Verkaufsseminare gebucht und hatte mehr Hypnosetherapieanfragen, als ich erfüllen konnte.

Ich machte zeitgleich Weiterbildungen in Marketing. Schrieb dann meinen ersten Bestseller, »Ich sehe dich«. Schloss eine Weiterbildung zum Hypnosetherapielehrtrainer in den Vereinigten Staaten ab. Wurde Dozent, Kolumnist, gründete ein eigenes Hypnosecenter, wurde Verbandspräsident, war weiterhin regelmäßig in den nationalen Medien anzutreffen und veröffentlichte meinen zweiten Bestseller, »Hypnotisiere mich«. Zudem gründete ich einen eigenen Buchverlag, welcher binnen sechs Monaten zum Bestsellerverlag wurde.

Heutzutage bilde ich jährlich mehrere Dutzend Hypnosetherapeuten für zwei unterschiedliche Verbände aus, führe mehrere Firmen und einen Hypnosetherapieverband, berate Firmen in mentaler Hinsicht, halte ausverkaufte Vorträge und darf eine rund zehnmonatige Warteliste für Therapiesitzungen bei mir führen.

Inzwischen entwickelte ich ein eigenes Therapieverfahren, welches sich »Invaluation« nennt – die Invaluationstherapie. Im Rahmen der Invaluationstherapie geht es darum, negative Gedanken und Gefühle auf direktem Wege positivieren zu können, wobei wir uns neue Perspektiven und Blickwinkel zunutze machen. Es freut mich zudem, die Invaluationstherapie Menschen lehren zu dürfen. Mein Ziel ist es, dass diese Therapieform durch möglichst viele Therapeutinnen und Therapeuten weitergeben wird und so vielen Menschen zu neuen Perspektiven verhelfen kann.

Oftmals höre ich Menschen über mich sagen, ich sei erfolgreich. Und wenn sie zu analysieren versuchen, woher der Erfolg rührt, so kommen sie auf Schlussfolgerungen wie: Fleiß. Pflichtbewusstsein. Sensitivität. Bis hin zu Glück.

Wenn ich mich derselben Analyse hingebe, so komme ich für mich zur Erkenntnis, dass alles, was ich erleben durfte, maßgebend war für meinen persönlichen Erfolg. Die Schicksalsschläge ebenso wie die Momente der Freude.

Erfolg hat für mich nicht im Geringsten irgendetwas mit Geld, Materiellem oder Aufsehen zu tun. Das dachte ich noch, als ich am Anfang meiner Laufbahn war – als ich gerade volljährig wurde und glaubte, die Welt retten zu müssen. Doch sehr schnell verstand ich, dass der materielle Erfolg nicht das war, was mich glücklich machte. Im Gegenteil: Materieller Erfolg brachte immer nur Übel mit sich. Freundschaften wurden hinterfragt und auf ihre Echtheit geprüft. Ebenso Beziehungen. Eine Ungewissheit kam auf, ob Lob und Komplimente als echt zu verstehen waren oder doch eher nur als Schmeichelei.

Seither habe ich den Erfolg für mich mit drei »L« definiert: Erfolg bedeutet für mich Liebe, Leidenschaft und Leben. Erfolgreich zu sein, bedeutet für mich, die Fähigkeit nutzen zu dürfen, echte, bedingungslose Liebe zu erfahren. Erfolg bedeutet für mich, einer leidenschaftlichen Energie folgen zu dürfen. Und Erfolg bedeutet für mich, mit beiden Beinen im Leben stehen zu dürfen und das Leben in all seinen Facetten anzunehmen.

Aus meiner Sicht sind sehr, sehr viele Menschen sehr erfolgreich, nur sind sie sich dessen leider oft gar nicht bewusst – oder es wird ihnen erst sehr spät bewusst.

Einer der für mich wesentlichsten Faktoren für meine Form des Erfolges war einer, der von der Allgemeinheit meist völlig falsch positioniert wird. Der zu Unrecht nur negativ gesehen und in seiner Möglichkeit entwertet wird: die Angst.

In der Gesellschaft meist fälschlicherweise als blockierende Energie betrachtet, sehe ich die Angst als treibende Kraft. Als ebenso sehr bereichernde Kraft. Die Herkunft des Begriffes »Angst« findet sich im indogermanischen Wort »anghu« für »beengend« wie auch im lateinischen Wort »angustus« für »Enge« oder »Bedrängnis«.

Wir alle wissen, was geschieht, wenn ein lernfähiges Lebewesen bedrängt wird. Es lernt. Es lernt, sich zu wehren. Sich eine freie Bahn zu schaffen. Sich eine Rüstung aufzubauen, die ihm Sicherheit und Geborgenheit gibt.

Ich wurde schon als Kind jahrelang von der Angst verfolgt, ich könnte bald ein Waisenkind sein. Eine Angst, die in mir das Verlangen zur Autonomie weckte. Das Verlangen, gewappnet zu sein für den Fall, dass das Schlimmste eintreffen würde – genau so, wie dies schon mal geschehen war, als ich noch zu hilflos war, um die Situation beeinflussen zu können. Mich befiel, noch bevor ich überhaupt ein Teenager war, das Verlangen, mich ganz selbstständig versorgen zu können. Erwachsen sein zu wollen. Nicht zuletzt auch, um meine Mutter unterstützen zu können. Bereits als Kind stellte ich mir vor, wie ich mal ganz viel arbeiten würde, um meiner Mutter ein Häuschen kaufen zu können, in dem sie sich erholen könnte – von all dem, was sie für uns Kinder getan hatte. Als kleines Dankeschön dafür, dass sie sich regelrecht für uns Kinder aufgeopfert hatte.

Die Angst vor dem verletzenden Unerwarteten blieb bis in meine Volljährigkeit. Insbesondere dann, wenn ich etwas Schönes erleben durfte. Mein Unterbewusstsein aktivierte einen schützenden Mechanismus, der mich meine gesamte Umgebung analysieren ließ. Menschen, Situationen, Gruppierungen. Alles. Sodass ich alles, was mir oder meinen Liebsten hätte schaden können, schon hätte entschärfen können, bevor es jemandem etwas hätte zuleide tun können. Die Angst blieb in diesem Ausmaß, bis ich meine Tätigkeit als Therapeut begann. Das Wissen, die Erkenntnisse und die Selbsthypnose ließen mich den Schritt in die Gelassenheit machen, welche die Angst vor dem negativen Unerwarteten einfach gehen ließ.

Ich konnte bis dahin nichts wirklich Schönes genießen.

Stets suchte ich nach dem negativen Anteil. Nach dem Schlechten. Nach dem, was mir das Schöne hätte nehmen können. Und ich konnte es beinahe immer finden. Nicht weil es wirklich existierte, sondern, weil ich es in nur meiner Realität erschuf. Denn es war für mich angenehmer, wenn ich das Negative finden und mir dadurch das Schöne selbst vermiesen konnte, noch bevor dies wieder das Schicksal auf unerwartete und schmerzhafte Weise getan hätte. Mein Unterbewusstsein war geprägt. Verletzt vom 1. März 1995. Es war ängstlich, und fürchtete, dass sich erneut in Bruchteilen von Sekunden etwas Schönes zu einer Katastrophe wenden würde. Wie damals, als Papa an einem friedlichen Abend für unsere Familie völlig unerwartet die Welt auf den Kopf stellte. Und ich würde lügen, würde ich behaupten, dass mein Unterbewusstsein diese schlechten Gedanken nicht mehr kennt. Die Verletzungen sind da – doch ich habe sie einbalsamiert. Und mithilfe der direkten Auseinandersetzung mit den negativen Gedanken lernte ich, die Angst Stück um Stück gehen zu lassen. Ich lernte, in den schönen Momenten das Schöne zu genießen und das Positive an dem vermeintlich Negativen zu erkennen, noch bevor es überhaupt eintreffen konnte. Ich entlarvte mein eigenes Unterbewusstsein und vertraute auf meine autogene Willenskraft, Gutes auf dieser Welt schaffen zu wollen.

Heute verstehe ich, wie sehr mich die eigenen Ängste angetrieben haben, selbst wenn man sich in von der Angst belasteten Situationen meist wie gelähmt oder blockiert fühlt. Doch sie treibt an. Es braucht die Lähmung. Es braucht das unangenehme Gefühl. Das Gefühl der Enge. Das Gefühl der Bedrängnis, welches rein evolutionsbedingt als ganz natürliche Reaktion aufgrund der möglichen Bedrohung aufkommt.

Diese Reaktionen unseres Unterbewusstseins rufen uns ins Bewusstsein, dass es Prägungen gibt. Erfahrungen, welche uns wissen lassen, dass uns ein wunderbares Potenzial gegeben ist, um Gutes zu erreichen.

Menschen, welche bahnbrechende Theorien entwickelt haben; Menschen, welche Spitzenleistungen erlangt haben – viele dieser Menschen wurden von der Angst getrieben. Erst die Angst stellte die treibende Energie dar und brachte die Menschen dazu zu handeln.

Und auch Menschen, welche sich suggerieren, die Angst lähme oder blockiere sie, erkennen nicht, welche Perspektive ihnen die Angst eröffnet. So kann sie die Menschen dazu antreiben, sich mit sich selbst auseinanderzusetzen; sich von unangenehmen Mustern zu lösen; sich durch von der Angst angestoßene Überlegungen und Gedankengänge die Sicherheit zu schaffen, die deren Unterbewusstsein sich wünscht.

Denn letztendlich ist jede Angst lediglich ein Sicherheitsbedürfnis des Unterbewussten. Meist resultierend aus Prägungen. Aus negativen Erfahrungen.

Und wenn wir die Angst nicht mehr als Feind betrachten, sondern vielmehr als unterstützenden Freund, der uns den Weg in die Sicherheit weisen will, so erkennen wir in der Angst plötzlich keine Gefahr mehr, sondern eine Chance. Eine Chance, das eigene Leben in die Hände zu nehmen und es dort hinzulenken, wo wir uns gerade wohlfühlen würden.

Die einen erkennen durch die Angst die Aufgabe, sich einmal intensiv mit dem eigenen, tiefen, inneren Ich auseinanderzusetzen. Den eigenen Prägungen. Und den daraus resultierten Verletzungen. Der Bandage, welche rund um die Verletzung herum entstand und welche man gegebenenfalls schon längst entfernen und dadurch den Schritt in die eigene Freiheit machen dürfte. Die Freiheit von aus Verletzungen resultierenden Mustern und Gedanken.

Die einen können durch die Akzeptanz der Angst als treibendem Wegweiser ins Positive direkt in die Handlung übergehen. Sie dürfen direkt Dinge umsetzen, welche unmittelbar ersichtlich werden. Andere wiederum müssen vorerst an sich und den eigenen gedanklichen Prozessen arbeiten, bis sie die entsprechende Leichtigkeit, Stärke und Gelassenheit verspüren können, um den Weg in die Sicherheit und in die Kraft zu finden.

Jede Angst ist eine wunderbare Chance, die unser Unterbewusstsein uns gibt. Eine Chance, den Weg des Positiven zu beschreiten.

In jeder Angst steckt eine wunderbare Botschaft. Wer sie findet, wird den Weg in die Kraft ganz von selbst gehen. Man muss sie nur finden. In jeder Angst gibt es sie. In jeder. Ich bin der Beweis dafür. Die Angst führte mich bereits im Kindergartenalter in mein inneres Ich – in meine Gedankenwelt. Dort verschaffte ich mir einen Vorsprung – vielleicht nicht unmittelbar emotional, aber kognitiv. In der Schule wollte ich mir, von der Angst getrieben, die Selbstständigkeit aneignen und wollte das tun können, was Erwachsene konnten. Ich lernte, mir Ziele zu setzen, die sich wohl nur wenige Kinder in meinem Alter gesetzt hatten. Ich lernte, hartnäckig und zielstrebig zu bleiben und alle Energie, die ich in mir trug, zu verwenden, um mein Ziel zu erreichen. Schon als Jugendlicher wurde ich zum Thema der Hypnose geführt, um meine eigenen Ängste vor dem Unerwarteten zu lösen. Ich lernte das, was ich meinem Vater gewünscht hätte, was ihn aber nicht erreichte, bevor er sein eigenes Schicksal in die Hand nahm.

Heute wünschte ich mir, ich könnte ihm zeigen, welch positive Kraft die Angst in sich trägt und wie man nicht gegen die Angst ankämpfen, sondern gemeinsam mit der Angst für die eigenen Ziele und Wünsche kämpfen kann. Dies ist die Einsicht, mit der ich dir in deine Kraft verhelfen möchte. Du hast alles, was du dazu brauchst, in dir. Alles ist in dir.

Lass dich einfach geschehen

Wir Menschen – als sogenannte Vernunftwesen – tragen einen Segen, jedoch zugleich auch einen Nachteil in uns. So leitet sich auch der Begriff Homo sapiens aus den lateinischen Worten homo »Mensch« und sapiens »vernunftbegabt« ab. Die Vernunft ermöglicht es uns Menschen, rationale, komplexe Schlüsse zu ziehen; Gegebenheiten zu analysieren; übergreifend in neuen Perspektiven zu denken und Zusammenhänge zu erkennen. Wir beherrschen die artikulierte Sprache, können uns neue Sprachen aneignen und weisen ein reflektiertes wie auch die Möglichkeit zu einem rein fiktiven Denken auf. Mit unserer Vernunft schaffen wir neue Realitäten. Wir glauben, die Vernunft allein zeichne uns Menschen aus und hebe uns vom Tierreich ab. Jedoch weiß die Wissenschaft, dass auch Tiere über bemerkenswerte Fähigkeiten und auch über eine bemerkenswerte Vernunft verfügen. So erwiesen beispielsweise Experimente mit Hunden, dass diese Hunderte von Worten zuordnen können und auch lernfähig sind hinsichtlich der Aneignung neuer Worte. Zudem beobachtet die Menschheit vermehrt, dass Tiere eine äußerst hohe Sensitivität aufweisen – so spüren Tiere sich anbahnende Naturkatastrophen, noch bevor von Menschen geschaffene Messgeräte diese eruieren können. Die Tiere verfügen folglich genauso über eine Vernunft, nur scheinen Menschen naturwissenschaftlich analytischer und reflektierender zu funktionieren – insbesondere aber zeichnet sich unsere Vernunft dadurch aus, dass wir Menschen nicht nur über ein intuitives Wissen verfügen, sondern dieses auch zu erklären versuchen.

Diese vermeintliche Vernunft bietet den Menschen scheinbar die Möglichkeit, sämtlichen Bedürfnissen nachgehen zu können. Es scheint beinahe so, als gäbe es für die meisten Fragen in unserer menschlichen Realität auch entsprechende Antworten. Umso schneller verlieren wir jedoch oft den Bezug zu uns selbst – den Bezug zu unserer Menschlichkeit. Wir verdrängen Ängste, ertränken sie in Süchten oder schlucken gar magische, rezeptpflichtige Pillen, die uns die Sorgen nehmen sollen, die uns den Verstand zu rauben scheinen.

Doch würden wir mal in uns hineinblicken und erkennen, dass all die Sorgen und all die unangenehmen Gefühle, die in uns sitzen, einen Ursprung in negativen Erfahrungswerten finden, und würde es uns gelingen, diese Erfahrungen, die Gefühle und die Gedanken neu zu bewerten, so stünde unserer Gelassenheit nichts im Wege. Wir alle schaffen unsere Welt nach unseren Gedanken – ebenso unsere Sorgen.

Wir alle haben die Aufgabe zu erkennen, dass ein Leben ohne Sorgen, ein Leben ohne negative Gedanken und negative Gefühle eine Utopie darstellt. Es ist eine Illusion zu glauben, wir könnten von heute an für den Rest unseres Lebens ausschließlich glücklich sein, wenn wir nur jeweils das Richtige tun würden. Wir bauen uns selbst einen enormen Druck mit dem Gedanken auf, dass wir zu jedem Zeitpunkt immer das Richtige tun müssen, um glücklich und erfüllt zu sein. Zudem bin ich der Meinung, dass es das »Richtige«, wie wir dies verstehen, so nicht gibt. Auch dies ist eine Illusion. Richtigkeit ist etwas, was uns in der Schule eingebläut wird. Für jede mathematische Rechnung gibt es dort eine einzige Lösung. Und wenn diese nicht stimmt, so ist vielleicht irgendwo im Lösungsweg ein Fehler. Dies ist jedoch in keiner Weise kompatibel mit unserem Leben. In unserem Leben gibt es keine mathematischen Lösungswege. Es gibt keine Folgefehler. Es gibt nicht nur eine korrekte Lösung. Jede Lösung, jeder Lösungsweg, ja selbst jeder Fehler hat seine positiven Seiten. Sprechen wir jedoch von Fehlern im Verhalten, die sehr schädliche Folgen haben, so verstehe ich, dass diese Art Fehler nicht einfach schönzureden sind. Insbesondere dann, wenn daraus extrem negative Konsequenzen entstehen. In solchen Fällen ist eine tief geistige, meist gar spirituelle Auseinandersetzung mit den Energien gefordert, die im Zusammenhang mit den Geschehnissen aufkommen. Ich spreche aus eigener Erfahrung: In eigenen Schicksalsschlägen war im Moment des Geschehens einfach keine Richtigkeit zu finden. Und dennoch galt es, das Geschehene zu akzeptieren.

Wir sollten uns aneignen, in der Akzeptanz negativer Gedanken und Gefühle im Leben eine innere Ruhe zu finden. In der Akzeptanz der Polarität und im Verständnis, dass es ganz normal ist, dass jede und jeder von uns auch negative Gedanken und Gefühle in sich trägt. Die einen häufiger, die anderen etwas seltener. Die einen intensiver, die anderen etwas gemäßigter. Und wer es versteht, das Grundgesetz der Polarität so anzuwenden, dass in allen Gegebenheiten die Perle des Positiven gefunden werden kann, der wird in sich eine Ruhe und ein Gefühl der Freiheit finden können.

Wir alle sind der Beweis für die Existenz der Polarität. Denn wir alle sind der Beweis für die Existenz von etwas äußerst Positivem: Liebe. Wir alle sind aus ihr heraus entstanden – durch die innige Verbundenheit und Hingabe zweier Menschen. Wir sind der Nachweis dafür, dass es überall – unabhängig wo – stets zwei sich bedingende Gegensätze geben muss, damit einer der beiden Begriffe überhaupt existieren kann. Denn damit wir überhaupt entstehen konnten, bedurfte es einer männlichen wie aber auch einer weiblichen Fruchtbarkeit. Wir alle sind ein Produkt der Polarität.

Nichts in unserem Universum kann ohne Gegensatz existenziell sein. Wie könnte ein Berg entstehen, wenn es keine Täler geben dürfte. Wie könnte es den Tag geben, wenn es keine Nacht gäbe. Wie könnte es Frieden geben, wenn es keine Auseinandersetzungen auf unserer Welt gäbe. Die Kirche schuf Himmel und Hölle. Es gibt das Göttliche ebenso wie das Teuflische. Physiker entdeckten, dass es nicht nur Materie gibt, sondern auch Antimaterie. Auch jedes einzelne Atom existiert nur aufgrund der Polarität. Jedes Atom besteht aus positiv geladenen Teilchen – Protonen – sowie aus negativ geladenen Teilchen, den Elektronen. Doch es gibt auch neutrale Teilchen – die Neutronen. Auch dies ist ein existenzieller Zustand, den es zu akzeptieren gilt: die Neutralität. Eine Art Ruhe, eine Art Enthaltsamkeit, die belebt werden darf.

Doch wie würde sich ein Leben anfühlen, dem man negative wie positive Momente entziehen würde – das nur noch »neutral« wäre?

Für mich ist dies ein ähnlich beängstigender Gedanke wie jener der physischen Unsterblichkeit. Wie könnte das Leben existieren, gäbe es keinen Tod? Und dennoch sehnen sich die Menschen nach der physischen Unsterblichkeit – dem physisch unendlichen Leben, im Glauben, es würde sich toll anfühlen.

Es ist ganz normal, dass sich der Mensch nach dem ausschließlich Positiven sehnt – letztendlich ist dies auch die Energie, die uns antreibt.

Doch wir alle müssen lernen, eines zu verstehen: Würde man irgendwo die Polarität zerstören oder verhindern – würde man bei zwei sich bedingenden Gegensätzen einen der beiden verschwinden lassen –, so würde dies unserem Glück im Wege stehen. Auch ich wünsche mir, es wäre möglich, auf unserem Planeten nur das Positive und Schöne erleben zu dürfen. Doch manchmal ist es leider etwas notwendig, das Negative zu erleben, um überhaupt das Positive erkennen und genießen zu können.

Es gilt, die Polarität zu akzeptieren. Sie ist das Normalste auf der Welt – und sogar darüber hinaus, denn selbst Götter sind polar. So gibt es den römischen Gott des Krieges – Mars – ebenso wie die römische Göttin des Friedens – Pax. In der griechischen Mythologie verkörpern die Gottheiten Ares und Eirene diesen Gegensatz. Folglich wäre gemäß Mythologie die Polarität selbst dann existenziell, wären wir göttlich. Geschweige denn, wenn wir uns als Menschen bekennen und akzeptieren wollen. Und ist es uns möglich, die Stärke von uns Menschen einzusetzen – die Vernunft –, um vor diesem Hintergrund unseren Gedanken neue Perspektiven zu ermöglichen, so finden wir auch den Weg in die Gelassenheit.

Lass dich einfach geschehen! ist mein Appell an dich, genau diese Ressource zu verwenden, um zu erkennen, dass wir uns das Leben oft selbst schwerer machen, als es wäre – aufgrund der bloßen Tatsache, dass wir es hervorragend verstehen, unsere eigene Realität nach unseren Gedanken zu basteln.

Doch gelingt es uns, uns einfach gehen zu lassen und unser Unterbewusstsein mit unserer Vernunft zu beruhigen – negative Gefühle und negative Gedanken zu besänftigen –, so werden wir genau diesen Weg in die Gelassenheit finden können.

Sich geschehen zu lassen, heißt nicht, nichts zu tun. Sich geschehen zu lassen, heißt nicht, seine Fehler wegzudenken oder nicht aus Fehlern zu lernen. Sich geschehen zu lassen, bedeutet auch nicht, alle Verantwortung an eine höhere Gewalt, das Schicksal oder einen Lebensplan abzugeben. Nein. Es bedeutet, die notwendige Einsicht zu erlangen, um Gelassenheit zu schaffen – für sich und sein Umfeld. Aus Fehlern lernen zu dürfen. Verantwortung für sich und sein Umfeld zu übernehmen und das zu tun, was sich gut anfühlt, für sich und die Menschen, die einem lieb sind.

Sich geschehen zu lassen, bedeutet auch, anzunehmen, was es zu akzeptieren gilt, weil es nicht mehr zu ändern ist. Und darin mithilfe einer neuen Denkweise eine Gelassenheit und eine innere Ruhe finden zu können. Denn nach dem Grundgesetz der Polarität gibt es immer irgendwo eine beruhigende, positivere Perspektive, die es uns ermöglicht, uns mit Einsicht geschehen zu lassen. Zu dieser Einsicht und Denkweise möchte ich dir gerne verhelfen. Ich möchte Impulse geben, die dir dabei helfen, dein Leben und dein Dasein in allen Facetten anzunehmen und mit Gelassenheit geschehen zu lassen.

Angst im Auge des Hurrikans

Wir sind Zeugen des Wunders der Natur und alle ein Teil der Natur zugleich. Wir Menschen funktionieren allesamt wie eine eigene, sich selbst versorgende und harmoniebedürftige Mutter Natur. So reinigt sich mitunter unser Körper ebenso von selbst, wie dies unsere Natur tut. Unser Körper regeneriert sich von selbst und entwickelt mit der Zeit eine ganz eigene, auf jede Situation adaptierte Intelligenz; wie dies auch die Natur tut.

So gibt uns unser Körper – als Teil unserer körperlichen Intelligenz – mitunter Zeichen, die uns wissen lassen, dass sich ein verheerender Sturm anbahnen könnte. Vorwarnungen, wie wir sie auch in der Natur antreffen. Und gar oft zeigt sich eine solche Sturmwarnung bei uns Menschen in Form von affektiven Erscheinungen: ein Gefühl der Schwere, der Leere oder des Drucks im Bauchbereich oder möglicherweise auch im Brust- oder Halsbereich. Ein psychosomatisches Erscheinungsbild. Das heißt, ein körperliches Alarmsignal, das von unserer Psyche ausgesendet wird und uns die Sicherheit bieten soll, die jede Alarmanlage auf dieser Welt bieten will: die Möglichkeit, sich zu schützen.

Wie in der Natur beispielsweise Vögel einen Sturm ankündigen, so warnt uns unser Unterbewusstsein – als Teil der Natur – vor potenziellen Gefahren. Es warnt uns mittels unangenehmer Gefühle. Wird die Gefahr gesichtet und ein entsprechendes Gefühl von unserem Warnsystem ausgesendet, so verbarrikadieren wir uns in unseren Kellern und schützen uns vor dem Hurrikan, der sich auf uns zubewegt. Wir warten in unseren Kellern ab, bis die Luft rein ist, und warten doch lieber etwas länger als eigentlich notwendig, um ganz sicher zu gehen, dass der Hurrikan bereits über uns weggezogen ist.

Wenn wir dann jedoch den Keller verlassen, die Tür öffnen und von der Helligkeit der Sonne geblendet werden und feststellen, dass eine blühende, unversehrte Natur vor uns liegt und weit und breit keine Verwüstung eines Sturmes zu sehen ist, so erfüllt uns ein Gefühl der Erleichterung. Zugleich jedoch auch ein Gefühl der Frustration, dass wir uns vom Warnsystem derart haben täuschen lassen und den falschen Alarm nicht frühzeitig erkannten.

Viele unserer negativen Gedanken und negativen Gefühle entsprechen lediglich Illusionen. Es sind Fehlalarme unseres Unterbewusstseins. Für diese Täuschungen gibt es jedoch auch Gründe: Erfahrungen. Jeder Mensch sammelt im Laufe seines Lebens Erfahrungen. Erfahrungen, die sich gut anfühlen, wie aber auch Erfahrungen, die sich schlecht anfühlen. Diese Erfahrungen werden gerne auch als sogenannte Ressourcen bezeichnet. So gibt es positive Ressourcen ebenso wie negativ behaftete Ressourcen. Erfahrungen, mit denen man eher negative Gedanken und Gefühle in Verbindung bringt.

Natürlich gibt es auch die Annahme, dass gewisse Ressourcen genetisch seit Abertausenden von Jahren überliefert wurden. Wie beispielsweise die Grundangst, aus sozialen Gruppierungen ausgeschlossen zu werden. Oder die Angst, sich vor einer Ansammlung von Menschen eine Blöße zu geben. Die Angst, verlassen zu werden, sowie die Angst, alleine zu sein. Auch diese Ängste dienten den Menschen früher einmal zum Schutz. Denn vor anderen Menschen Schwäche zu zeigen, aus sozialen Gruppierungen ausgeschlossen zu werden, verlassen zu werden und alleine sein zu müssen, stellte zu früheren Zeiten ein Todesurteil dar. Heute ist dem nicht mehr wirklich so. Wir erleben, wie es Prominente durch ihr polarisierendes Auftreten förmlich provozieren, sich eine Blöße zu geben, und genau dafür sogar angehimmelt werden. Menschen, die absichtlich absurde Mode tragen, sehr polarisierende Musik produzieren oder öffentlich provozierende Aussagen machen, erregen zwar teils immer noch Aufsehen damit, jedoch riskieren sie nur sehr selten ihren Kopf dadurch. Viele erhalten genau deshalb sogar Aufschwung, Ansehen und positive Resonanz.

Wir leben folglich in einem Zeitalter, in dem wir selbst tief sitzenden Urängsten den Rücken kehren dürfen. Und es braucht Menschen, die mit viel Mut, Hoffnung und Zuversicht die von unseren negativen Ressourcen gesetzten Grenzen sprengen und durch mutige Entscheidungen und Verhaltensweisen unsere Welt zu einem besseren Ort machen. Denn wie will man schon etwas zutiefst Positives bewirken, wenn man sich von uralten Normen und Ängsten einschränken und gefangen halten lässt.

Wenn wir uns auf die individuellen Ängste und Sorgen konzentrieren, so erkennen wir oftmals, dass bereits ein einziges, vermeintlich unglückliches Ereignis dazu führen kann, dass wir einen schützenden Mechanismus in uns aktivieren, der uns vor weiteren, sich derart negativ anfühlenden Ereignissen bewahren soll. Diese Rolle übernimmt dann oftmals unser Unterbewusstsein. Die Instanz unseres Geistes, die sich wie ein gebranntes Kind verhält und sich lieber einmal zu oft hinter dem Bein von Papi versteckt, als sich der Angst zu stellen. Doch es ist uns möglich, diesem Kind in uns zu zeigen, dass es keine Angst zu haben braucht; dass es das, vor dem es sich fürchtet, nur aus einer ungünstigen Perspektive betrachtet hat. Und wir können dem Kind in uns aufzeigen, dass es ebenso eine positivere Perspektive gibt, und können es in einen neuen Lernprozess schicken. Ein Lernprozess, in dem es sich aneignet, das Positive darin zu sehen und zu erkennen, dass die Gefahr, die es sah, im Grund gar keine Gefahr war, sondern eine Täuschung des eigenen Geistes.

Sollte also mal ein vermeintlicher Hurrikan auf uns zukommen, so haben wir zwei Möglichkeiten. Entweder wir verschanzen uns in unserem Keller und versuchen, während wir abwarten, Pläne zu schmieden, wie wir mit welchen Auswirkungen des Hurrikans in welcher Art umgehen werden. Wir erarbeiten uns ein lösungsorientiertes Denken. Dies ist ein fantastischer Vorteil des Sich-Verschanzens: Man hat Zeit, tief in sich hineinzugehen und nachzudenken, um auch herauszufinden, weshalb man eine derartige Angst vor Hurrikans in sich fühlt. Diesen positiven Mehrwert bietet uns der Schutzmechanismus. Vergleichbar mit nachdenklichen Phasen, welche in der Medizin gerne auch depressive Episoden genannt werden: In diesen Phasen lernt man unter Umständen mehr über sich selbst als in anderen Phasen, in denen man positive Gefühle in sich spüren kann. So können eben genau auch diese vermeintlich negativen Phasen unseres Lebens einen positiven Kern in sich bergen. Und mitunter auch den Kern der geistigen Arbeit und der Auseinandersetzung mit sich selbst – was viele leider erst an ihrem Lebensabend tun, wenn sie auf einmal nur noch verminderte Reize um sich herum vernehmen, welche sie von sich selbst ablenken könnten.

Wer jedoch das Verlangen hat, sich seinen Ängsten zu stellen, darf die Kellertür genau dann aufreißen, wenn der Hurrikan über dem Keller steht. Wer sich dann heraustraut, steht mitten im Auge des Hurrikans. Dort, wo es windstill ist. Dort, wo alles umherfliegt. Bäume, Autos und alles erdenklich Mögliche wird vom Sturm umhergewirbelt. Doch wer genau in dem Moment dasselbe tut wie der Mensch, der sich im Keller mit sich auseinandersetzen würde, der findet heraus, dass der Hurrikan mit jedem einzelnen, neuen und beruhigenden Gedanken immer mehr nachlässt. Dass mit jedem Atemzug Ruhe einkehrt. Stille. Idylle. Und dass der Hurrikan allein ein Produkt der eigenen Vorstellungskraft war. Ein Produkt der Fantasie. Eine Täuschung. Eine Illusion des Unterbewusstseins.

Welche Erleichterung kommt dann über uns, wenn wir

uns selber »ent-täuschen« dürfen und den ersten Schritt in die Gelassenheit finden können. Weil wir einsehen, dass der Hurrikan in Wirklichkeit nie existierte.

Die Illusion des Auf und Ab *oder* Negative Momente wertschätzen

Unsere Gesellschaft legt großen Wert auf Normalität.

Das Wort »normal« leitet sich vom lateinischen Wort »normalis« ab, was so viel heißt wie »dem Winkelmaß entsprechend« oder »in der Regel«. Wer also »normal« ist, entspricht der Regel der Gesellschaft.

Wer nicht normal ist, entspricht nicht der Norm. Und wer nicht normal ist, wird von der Gesellschaft normal gemacht. Dies beginnt schon sehr früh – in der Kindheit.

Wir werden als Kinder in einer Schablone geformt, in der wir Wissen in ganz spezifischen Bereichen aufweisen müssen und darin auch bewertet werden. Die Bewertung unseres abrufbaren Wissens entscheidet dann darüber, wie viele Möglichkeiten uns später offenstehen werden. Wer möglichst viele Fragen korrekt beantwortet, erhält bessere Noten. Den Kindern mit den besseren Noten wird dann ermöglicht zu studieren, was bedeutet, dass diese Kinder später mal mehr Geld verdienen werden.

Es soll also »normal« sein, dass man, wenn man mehr Fragen richtig beantwortet, ein im Stundenlohn abgerechnet wertvollerer Mensch ist. Wir werden folglich bereits von klein auf darin konditioniert, dass es normal sei, dass es für alle Fragen eine richtige Antwort gibt. Ein absolut absurder Grundsatz – zumal selbst in exakten Wissenschaften immer wieder neue Erkenntnisse bisherige Weltbilder völlig auf den Kopf stellen. Doch diese Grundhaltung unserer Gesellschaft »normalisiert« die Ideologie, die Talente, das Wissen und das Verhalten jedes Einzelnen von uns. Diese Grundhaltung stumpft uns ab. Sie ordnet uns ein. Sie will uns langweilig machen.

Sie will uns »normal« machen. Als ich kurz vor dem Grundschulabschluss nicht wusste, welchen Beruf ich erlernen sollte, suchte ich Rat bei Lehrkräften und Berufsberatern. Niemals habe ich Lehrer oder Berufsberater sagen hören, dass es möglich sei, Bestsellerautor zu werden. Ich wurde auch nie ermutigt, Geschäftsführer zu werden. Firmen zu gründen. Nein. Ich wurde von Lehrern und Berufsberatern darin bekräftigt, etwas »Anständiges« zu lernen. Oder noch besser: zu studieren.

Wenige Jahre, nachdem ich bei der Berufsberatung war, erhielt ich als Geschäftsführer meiner eigenen Firma Bewerbungen von Studienabgängern, welche keinen Job hatten und gerne in meiner Firma gearbeitet hätten.

Ich relativierte unser »normales« System sehr schnell.

Diese »Normalität« findet sich nicht nur in der Art, wie wir leben, wieder, sondern auch in der Art, wie wir uns fühlen. So sollten wir uns ständig glücklich, oder zumindest »normal« fühlen.

Wer damit Schwierigkeiten hat, wird ausgeschlossen,

sollte Psychopharmaka schlucken oder wird in eine psychiatrische Klinik zwangseingewiesen.

Ein Aspekt vieler Gesellschaften, der noch viel geistige Arbeit, Relativierung und Fortschritt fordert. Fortschritt in der Leichtigkeit und Akzeptanz der Vielfalt auf unserem Planeten.

Die Normalität darf man als einen Toleranzbereich der Gesellschaft begreifen, der scheinbar als Ideal angesehen wird.

Wir können uns dies wie folgt vorstellen:

Wer sich nicht in dem von der Gesellschaft vorgegebenen Bereich aufhält, wird als, wie man sagt, »abnormal« bezeichnet. Das heißt, man entspricht nicht der Norm.

Doch wenn wir die Gemütszustände während unseres Lebens grafisch festhalten würden, so würde dies ehrlicherweise wohl wie folgt aussehen:

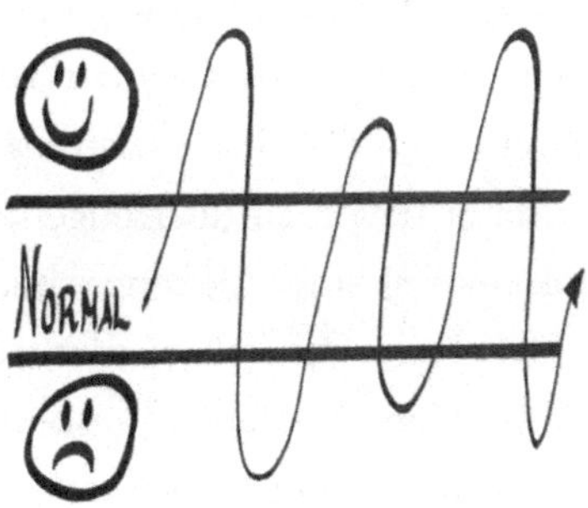

Mal sind wir glücklich, mal traurig. Mal ohne Sorgen, mal von Sorgen begleitet. Mal voller Energie, mal antriebslos. Mal befinden wir uns jedoch auch in einem »normalen« Gemütszustand, der weder negativ noch äußerst positiv bewertet ist. Ein Zustand, in dem alles »einfach läuft«.

Wer ehrlich zu sich selbst ist, muss zugeben, dass er all die beschriebenen Gemütszustände bei sich beobachten kann. Jeder von uns kennt sie alle. Und genau dieses Bild hat sich auch in die Köpfe unserer Gesellschaft gebrannt. Die Vorstellung des »Auf und Ab«. Die Vorstellung, dass es mal schlechter, mal besser liefe. Die Vorstellung, dass allein die Momente, die sich gut anfühlen, als positiv zu deuten sind. Und die Vorstellung, dass die Momente unterhalb der »normalen Spannbreite« als negative Erfahrungen zu deuten seien.

Psychiater und Psychotherapeuten sprechen oftmals auch von »depressiven Episoden«, welche die antriebslosen, lustlosen, nachdenklichen Phasen unseres Lebens beschreiben sollen. Und sie sprechen von »manischen Episoden«, welche die äußerst energiegeladenen, angetriebenen, euphorischen Phasen unseres Lebens widerspiegeln sollen. Eine »Diagnose«, der viele Menschen, die nicht wirklich Depressionen haben, zu viel Glauben schenken. Und zwar unter anderem, weil die Pharmakonzerne es geschafft haben, die Psychiater davon zu überzeugen, dass es nicht normal sei, wenn man zu lange niedergeschlagen ist – oder zu stark ausgeprägte Stimmungsschwankungen hat.

Was in jedem Menschenleben absolut gewöhnlich ist – nämlich, dass man allein im Verlaufe eines einzigen

Tages Stimmungsschwankungen hat –, wird plötzlich abnormal. Die Pharmakonzerne schufen Medikamente, um die herum wiederum Krankheitsbilder geschaffen wurden. Und schon werden gewöhnliche Gemütsschwankungen zu bipolaren Störungen. Diese zu rasch getroffenen und meines Erachtens oft nicht legitimen Diagnosebilder führen dazu, dass die Menschen sich zu große Sorgen machen, wenn ihnen ihre Stimmungsschwankungen auf einmal bewusst werden. Und sobald wir uns über unsere Stimmungsschwankungen Sorgen machen, orientieren wir uns an dem Modell des »Auf und Ab«. An dem Modell, das alleine durch psychotherapeutische oder ärztliche Äußerungen wie »depressive Episode« und »manische Episode« suggerieren kann, dass es Episoden gebe, in denen unsere Stimmung abnormal sei. Episode steht gleichbedeutend für einen Abschnitt – oder für eine Phase. Und wenn wir uns nur noch an unseren »Phasen« orientieren, so beginnen wir, uns selbst zu hypnotisieren – nämlich mit der Vorstellung, es gäbe ein ständiges »Auf und Ab«.

Und genau hier widerspreche ich diesem Modell. Ich widerspreche der Vorstellung des »Auf und Ab«. Ich widerspreche der Annahme, dass Momente der Nachdenklichkeit, Momente der Antriebslosigkeit als negativer zu deuten seien als Momente der Freude und des Wohlbefindens. Denn es liegt ausschließlich an der Perspektive. Es liegt im Auge des Betrachters. Es ist der Blickwinkel, der uns dieses Gefühl vermittelt.

Deshalb möchte ich nun mein persönliches Modell vorstellen, welches eine neue Betrachtungsweise ermöglicht.

Wir verlassen die Blickweise des »Auf und Ab«, indem wir eine neue Perspektive erlangen. Bislang haben wir alles von einem Blickwinkel aus betrachtet, der die »depressiven Phasen« unterhalb des »normalen Gemütszustandes« verortet und die euphorischen Momente des Lebens oberhalb.

Doch nun ändern wir diese Betrachtungsweise und schauen dieses Modell nicht von der Seite an, sondern von oben herab. Wir erlangen eine Vogelperspektive. Eine Metaperspektive. Mit dieser Vogelperspektive möchte ich uns verdeutlichen, dass wir alle den »neutralen Bereich« als unsere Straße betrachten dürfen. Unseren Weg. Unseren Lebensweg. Unsere Straße, die tief gefestigt wurde. Vielleicht wurde sie mit Pflastersteinen gebaut, oder vielleicht wurde sie sogar geteert.

Dieser Straße folgen wir. Und die Seite, die wir bislang als die »negative Seite« betrachtet haben, wird nun zur rechten Seite, abseits der Straße. Und die bisher »positive Seite« sehen wir nun als die linke Seite abseits der Straße an. Es gibt also kein »Auf« und »Ab« mehr. Es gibt nur noch »links« und »rechts«. Auf unserem Lebensweg gehen wir mal hier, mal da, mal abseits der Straße. Wer will schon ausschließlich auf der geteerten Straße gehen, wenn es noch so viel Spannendes drum herum zu sehen gibt. Die rechte Seite wird von den »Unwissenden« oftmals als gefährliche Seite betrachtet. Stellen wir uns vor, diese rechte Seite der Straße ist von vielen Bäumen bewachsen, die einen Wald bilden. Einen Wald, den viele meiden, weil er von außen keinen Einblick ermöglicht und deshalb bei vielen Menschen ein Gefühl des Unbehagens bis hin zum Gefühl der Angst auslöst. Ein Wald, der den Einblick erst ermöglicht, wenn man sich in diesen Wald hineinbegibt. Ein Wald, in dem viele Tiere lauern sollen, von denen man nicht wirklich weiß, wie gefährlich sie sind. Weshalb sich letztendlich auch niemand in diesen Wald getraut.

Auf der linken Seite der Straße herrscht die Sonnenseite. Die freie Sicht. Es gibt wunderschöne weite Hügel, einen sichtbaren Horizont in der Ferne. Auf den Hügeln sind Apfelbäume, Orangenbäume und Nussbäume. Wunderbare Nüsse und Früchte, die einem das Leben versüßen sollen.

Schon hier erkennen wir, dass das Bild des »Auf und Ab« nicht mehr funktioniert, weil es Menschen gibt, die sich in abenteuerlichen, mystischen Wäldern wohler fühlen als unter einem frei stehenden Nussbaum auf einem Hügel.

Wir dürfen lernen zu erkennen, dass beide Seiten Vor- und Nachteile bergen. Selbst die geteerte Straße hat zwei Seiten – eine positive wie eine negative. Die positive Seite der »Normalität« ist die Gewissheit, die sie gibt, dass alles in einem überschaubaren Rahmen geschieht – eben nichts Abnormales geschehen kann. Zudem gibt es auf der geteerten Straße den Vorteil, dass alles voraussehbar ist. Denn die Straße wird selbst nach einigen Kilometern zurückgelegter Strecke immer noch dieselbe Straße sein – geteert und gefestigt. Vergleichbar mit einem Bahngeleise, dem man zu Fuß folgen darf, in der Gewissheit, dass irgendwo eine nächste Haltestelle kommen wird. Die Normalität gibt uns folglich eine Form von Gewissheit und Sicherheit.

Die negative Seite an der geteerten Straße – der Normalität – ist die Langeweile. Es gibt wohl kaum etwas Langweiligeres und Eintönigeres, als immer nur diese Straße entlangzugehen und mit nichts und wieder nichts konfrontiert zu werden als dieser Straße. Immer nur dasselbe zu tun; keine Herausforderungen mehr angehen zu können, keine Möglichkeit mehr zu haben, mit den eigenen Stärken und Schwächen konfrontiert zu werden und mit allen unseren Sinnen das Leben in seiner Fülle leben zu dürfen.

Blicken wir zur rechten Seite fernab der Straße, zum Wald, so lassen die mystischen Geräusche von den im Wald lebenden Tieren, den vom Winde raschelnden Bäumen, und die Ungewissheit, was in diesem Wald vorgeht, ein unangenehmes Gefühl des Unbehagens in uns aufkommen.

Diese mögliche »Gefahr« löst in vielen Menschen eine Form der Angst aus. Eine also meist negative Betrachtungsweise. Doch wer all seinen Mut zusammennimmt und sich in den Wald hineinbegibt, der wird in diesem Wald Tiere antreffen, von denen viele Menschen nicht einmal wissen, dass es solche Tiere gibt. Wer sich in diesen Wald begibt, wird sich sogar mit den Tieren, welche alle anderen als gefährlich ansehen, anfreunden und erkennen, dass jene Tiere selbst ängstlich und im Grunde sehr zutraulich und liebesbedürftig sind. Wer durch den von außen betrachtet dunklen Wald geht, wird erkennen, welch Paradies in diesem Wald liegt. Wie wunderbar das sanfte Moos im Wald ist – die schützenden Bäume, welche all den Wind, den Regen und viele Unwetter abschirmen und welche eine schützende Kuppe um all die im Wald lebenden Tiere und Menschen bilden. Ein schützendes Dach. Eine Idylle. Wer folglich im Wald war, hat Dinge gelernt, welche man nur lernen kann, wenn man sich getraut, in den Wald zu gehen. Wenn man sich getraut, sich der Gefahr zu stellen. Und man letztendlich keine Angst mehr hat vor all dem vermeintlich Gefährlichen, sondern man als Einzige oder Einziger die Tiere im Wald streicheln konnte, vor denen alle anderen Angst haben, und man gestärkt aus dem Wald rauskommt, zurück auf die Straße, in der Gewissheit, dass der Wald eine der wertvollsten und stärkendsten Erfahrungen überhaupt war. Dies ist eine fantastische, positive Sicht auf diese »rechte Seite«. Sie ermöglicht uns, das vermeintlich Negative als Chance zu sehen und zu nutzen.

Auch die von der geteerten Straße sich links befindende

Seite hat wunderbare Aspekte. Es ist die Weite, die uns dort inspiriert. Der Horizont. Es ist die Offenheit, die uns die Möglichkeit gibt, uns zu entfalten – jedoch eben auch einfach nur zu genießen. Wer sich unter einen Nussbaum legt und das durch den Baumwipfel durchdringende Lichtspiel genießt, kann zwar in Ruhe und frei von jeglichen Ängsten das Leben in diesen Momenten genießen, jedoch wird auch diesem früher oder später eine Nuss auf den Kopf fallen. Das kann schmerzhaft sein. Unter dem Walnussbaum bestimmt etwas weniger als unter der Palme. Und wer aus Angst vor lauter fallenden Nüssen den Baum verlässt und sich stattdessen direkt in die pralle Sonne legt, bekommt wohl leider früher oder später einen Sonnenbrand und begibt sich folglich zurück auf die geteerte Straße. Dort angekommen, bietet auch die keinen Schutz vor der Sonne, sodass letztendlich nur noch der kühle Wald übrig bleibt.

Mit diesem Modell möchte ich verdeutlichen, dass jede Seite ihre positiven wie negativen Seiten in sich trägt – und dass jede Seite denselben Wert hat –, die »linke Seite« ebenso wie die »rechte Seite«, genauso wie die »normale Straße«.

Damit möchte ich aufzeigen, dass Momente oder Lebensphasen des mangelnden Antriebes, der Nachdenklichkeit und der Sorgen nicht immer gleich negativ gedeutet werden müssen. Denn wer etwas depressiv verstimmt war, wird um einige Lösungsansätze reicher zurück auf die geteerte Straße kommen und sehr viele autogene Fähigkeiten gewonnen haben. Mehr als auf der geteerten Straße oder unter dem Nussbaum je möglich gewesen wären.

Ich persönlich habe früher sogar absichtlich die bewusste Konfrontation mit meinen eigenen negativen Gefühlen und negativen Gedanken gesucht. Ich habe mich folglich gemäß meinem Modell in den Wald begeben. Um mich dort umzusehen und Erfahrungen zu sammeln. Erfahrungen, die mich als Therapeut, als Lehrtrainer, als Gesellschafter und Buchautor weitergebracht haben. Erfahrungen, die es mir ermöglichen, die Menschen, die ich therapiere, in meinem tiefsten Inneren zu verstehen. Deshalb habe ich mich bewusst jedes einzelne Mal, wenn wieder eine Angst oder ein negativer Gedanke aufkam, diesen gestellt – habe diese ähnlich wie in einem Labor seziert und analysiert, um ein Heilmittel oder ein Heilverfahren zu schaffen und aus dem Potenzial der negativen Gedanken das Bestmögliche herauszuholen. Heute weiß ich, dass sehr viel von dem, was ich erschaffen habe, durch negative Erfahrungen entstehen durfte. Ich eröffnete meine eigene Praxis, als ich auf der Bühne, wo ich ganz früher mal stand, eine negative Erfahrung machte, bis ich eines Tages aufgrund einer negativen Erfahrung auf der Bühne die Eingebung hatte, nun definitiv meiner inneren Stimme folgen zu dürfen und meinen Weg als Therapeut fest einzuschlagen. So gründete ich meine eigene Praxis sowie später dadurch meine eigene Firma. Die negativen Erfahrungen waren es, die mir den Willen gaben, die Autonomie in mir zu stärken, um Gutes zu bewirken. Diese Autonomie kam in mir unter anderem deshalb auf, weil ich von vielen Menschen, die mir das Blaue vom Himmel versprochen hatten, enttäuscht worden war. Weil man mir viele Versprechen gegeben hatte, die man nicht einhielt. So, bis ich letztendlich zur Entscheidung kam, dass ich das Gute, wovon viele andere immer nur sprechen, es aber nicht tun, einfach selbst tu. Und dass ich frühestens, wenn ich es getan habe, davon spreche. Diese Autonomie, die ich mir selbst »im Wald« aneignen durfte, ermöglichte es mir, dass ich mich nun nicht nur Therapeut nennen darf, sondern auch Präsident des Verbandes Schweizer Hypnosetherapeuten, Referent, Autor von Bestsellern und Verleger des eigenen Sachbuchverlages. Auf all diese aus negativen Erfahrungen entstandenen Energien zurückblicken zu dürfen, ist vergleichbar mit einem Künstler, der auf seine in einem Museum präsentierten Gemälde blickt, welche in Momenten der Nachdenklichkeit gemalt wurden.

Bis heute darf ich sagen, dass die negativen Erfahrungen in meinem Leben die waren, die mich angetrieben haben, Dinge zu schaffen, die ich sonst vielleicht nie geschaffen hätte.

Zudem machte ich auch die Erfahrung, dass ich Größeres bewirken durfte, wenn ich in keinem so guten Gemütszustand war, als in den Momenten, in denen ich überglücklich war. So kann ich mich beispielsweise an ein Referat erinnern, das ich halten musste, bei dem ich aufgrund eines negativen Erlebnisses im Vorfeld in keiner guten Verfassung war. Natürlich wollte ich mir dies nicht anmerken lassen. Und dennoch fühlte ich mich auf der Bühne weniger sicher, sprach etwas ruhiger und habe wohl einen etwas nachdenklicheren Eindruck gemacht. Dieses Referat war für mich natürlich keine Höchstleistung – jedoch war es eines der Referate, für die ich am meisten Lorbeeren erntete. Die Rückmeldungen waren fantastisch und unter anderem die, dass ich sehr souverän wirkte. Diese Erfahrung zeigte mir auf, dass auch eine Phase, die sich im Moment nicht so gut anfühlt, wunderbare Auswirkungen in sich bergen kann.

Auf manche Menschen spricht man sogar unter Umständen besser an, da man in solchen Momenten wohl etwas ruhiger bleibt – man sich vielleicht zweimal überlegt, wie man etwas formuliert, und dadurch auch souveräner wirkt. Wer hingegen sehr flippig und aufgedreht ist, kann auf den einen oder anderen auch unangenehm wirken – ein solcher Zustand birgt also nicht nur Vorteile, auch wenn es sich in diesen Momenten gut anfühlt. Mit diesem Beispiel möchte ich auch den Menschen, die behaupten, nachdenkliche Phasen würden sie blockieren, die Angst vor solchen Phasen nehmen. Ich möchte aufzeigen, dass es auch möglich sein kann, dass uns negative Gedanken und Momente der Nachdenklichkeit antreiben und uns in unserer Autonomie, Lösungen zu finden, fördern können.

Ich mag es natürlich sehr, wenn ich die Vorzüge des Lebens genießen kann und fernab von jeglichen Ängsten und Sorgen auf der linken Seite der Straße stehen kann. Es ist etwas Wundervolles – und dennoch möchte ich die Ruhe der Gewissheit einkehren lassen, dass vermeintlich negative Erfahrungen ebenso positive, treibende Kräfte aufkommen lassen können. Man muss es nur zulassen, sich seinen Ängsten stellen und die positiven Auswirkungen und Veränderungen von negativen Gedanken erkennen können.

Wer im Wald war, wird sich seinen eigenen Ängsten gestellt haben und dadurch um Mut, Stärke und Erfahrung bereichert worden sein. Er wird ab sofort immer wieder die Seiten wechseln – sich mal auf die linke Seite, mal auf die rechte Seite oder auf die Straße der Normalität begeben.

Es ist auch kaum möglich, ständig nur auf einer Seite zu gehen – also immer nur im Wald, auf der Straße oder unter dem Nussbaum zu sein. Es ist eine Utopie, zu glauben, es entspräche einem Ideal, ständig nur auf der geteerten Straße zu gehen und dadurch der »Normalität« anzugehören. Diese Eintönigkeit würde uns alle um den Verstand bringen.

Ebenso wäre es kaum zu ertragen, ständig nur im Wald zu sein oder ewig unter dem Nussbaum zu liegen. Immer nur in allem das Negative zu sehen, wäre genauso unerträglich, wie ständig lachen und ständig glücklich sein zu müssen. Im ersten Moment mag es noch verlockend klingen, ständig glücklich zu sein – doch auf die Dauer hätte wohl auch das nicht mehr denselben Wert. Glücklich zu sein würde dann zur Normalität. Ich vergleiche es, wenn ich darauf angesprochen werde, immer mit dem ewigen Leben. Im ersten Moment mag es verlockend klingen, doch wer sich intensiver mit dem Gedanken des unendlichen Lebens beschäftigt, wird bemerken, dass durch die Unendlichkeit der Wert des Lebens nicht mehr derselbe sein würde.

Ich persönlich schätze das Leben in all seiner Vielfalt. Ich schätze jede einzelne Sekunde. Jede bereichernde Erfahrung und alles, was ich durch mein Leben erfahren und schaffen darf. Ich bin dankbar für jede Sekunde, die ich leben darf. Und dennoch löst der Gedanke des unendlichen Lebens in mir ein unangenehmes Gefühl aus. Dies, obwohl ich mir keine Unendlichkeit vorstellen kann.

Ich vergleiche dies oftmals mit einer Praline. Eine Praline hat den besonderen Wert, weil sie derart klein und dennoch so delikat ist. Eine Praline muss man sich auf der Zunge zergehen lassen. Und hätten wir unendlich viele Pralinenschachteln oder Pralinen-Schokoladentafeln oder Pralinenkuchen vor uns liegen, so hätte die Praline nicht mehr denselben Wert. Folglich ist das, was nur eingeschränkt zu genießen ist, umso wertvoller.

Wir sollten deshalb die Pralinen unseres Lebens genießen.

Es gibt kein »Auf und Ab« mehr - sondern nur noch »rechts und links«. Mal gehen wir rechts, mal gehen wir links, mal gehen wir in der Mitte. So soll es sein. So darf es sein.

Erlebe die Gelassenheit, die das Leben dir ermöglicht, und lass dich einfach geschehen.

Verbundenheit

Einer der größten Einflüsse auf unsere Gemütslage sind die Menschen, die uns umgeben. Sobald diese Menschen mit uns interagieren, wirken deren Worte, Energien und Handlungen auf uns. Deshalb ist es umso wichtiger, dass wir uns die Menschen aussuchen, mit denen wir in Verbindung sein wollen. Und dass wir den Mut entwickeln, die Verbindungen zu trennen, die uns nicht guttun. Wir sind inmitten eines Gefüges aus Menschen, und in diesem fügen auch wir uns den Menschen um uns herum.

Dieser Einfluss von außen kann sehr stark auf uns wirken. Es gibt Dinge, die einem Druck von außen nicht standhalten und zerbrechen. Dies können auch wertvolle Verbindungen zu anderen Menschen sein. Dann wiederum gibt es viele Beziehungen, die nur aufgrund eines leichten bis mittelmäßigen Drucks von außen beständig bleiben. Druck entsteht durch beeinflussende Worte und Handlungen der Menschen, die dich umgeben. Dieser Druck darf nicht zu stark sein, damit die positiven Verbindungen nicht zerbrechen. Er darf aber auch nicht zu gering sein, weil sich durchweg positive Gefüge bei zu wenig Druck von außen auch allmählich auflösen können.

Wir sollten also die Verbindungen, die uns guttun,

pflegen. Die Verbindungen, die Druck von außen auf uns ausüben, dürfen nicht zu stark sein. Ein kleines Maß an äußerem Widerstand braucht es allerdings, um dem ganzen System etwas lebendige Spannung zu geben. Wir sollten genau bedenken, welche Verbindungen wir haben.

Eines unserer ersten Gefühle, das wir wahrnehmen durften, war das Gefühl der Verbundenheit. Dort begann unser Leben: in der Verbundenheit, als sich der Samen mit dem Ei verbunden hat und wir als Zeugnis der Verschmelzung – der tiefsten Form der Verbundenheit – heranwachsen durften. Über eine direkte Verbindung zu unserer Mutter, die Nabelschnur, beschützt in der Hülle der Geborgenheit, wurden wir genährt und durften immer mehr Raum einnehmen. Wir durften wachsen. Uns bewegen. Und wir verspürten Sicherheit in der Verbundenheit.

Über rund 280 Tage hinweg durften wir uns geweblich mit unserer Mutter verbunden fühlen. Bis dann die Entscheidung kam: die Entscheidung, dem tiefen Bedürfnis nach Freiheit zu folgen. Dem Bedürfnis, ein anderes Universum als das der geschützten Hülle besuchen zu wollen: die weitere Dimension. Wir begaben uns auf den Weg – kopfüber. Und wir fanden heraus, dass unsere innere Stimme recht hatte. Es gibt eine weitere Dimension: die äußere Welt.

Wir »werden geboren«, obschon dies nicht wirklich etwas anderes ist, als den Raum zu wechseln und selbstständig zu atmen. Viele Menschen glauben, dass wir erst von diesem Moment an existieren, und bemerken gar nicht, dass wir ja auch im engeren Raum bereits Gefühle hatten.

Mit einer Selbstverständlichkeit wird die Verbindung zur Mutter – zu unserem alten Zuhause – sofort von Geburtshelfern durchtrennt. Wir verspüren Hilflosigkeit und zum allerersten Mal keine geweblliche Verbindung mehr. Wir müssen uns unseren bisherigen Halt und unsere bisherige Geborgenheit nun durch Berührungen oder eine geistige Form der Verbundenheit holen. Alles, was dem Gefühl der geweblichen Verbundenheit nahekommt, gibt uns Sicherheit: Berührungen, im Arm gehalten zu werden. So verinnerlichen wir, dass wir nun nicht mehr auf gewebliche Weise miteinander verbunden sind, sondern auf geistige Art.

Wir werden größer und größer, wir wachsen. Aber das Verlangen nach Verbundenheit bleibt. Wir gehen Beziehungen ein und bekommen Angst, sobald wir zu spüren glauben, dass diese Verbindung zu unserem Gegenüber nicht mehr ausgeprägt ist.

Stellen wir uns doch einfach eine Verbindung vor, die uns, wie früher die Nabelschnur mit unserer Mutter, mit unserem Beziehungspartner verbindet. Ist die Verbindung stark, fühlt sie sich an wie ein Seil. Ist sie nicht mehr so ausgeprägt, erscheint sie uns nur noch als Schnur. Und nicht selten fühlt sich die Verbindung wie ein seidener Faden an.

Angst ist die Abwesenheit dieser Verbundenheit; Angst erwächst aus der Sorge, dass dieses Seil dünner werden oder die äußeren Stränge des Seils vom Partner aufgelöst werden könnten.

Angst ist die Abwesenheit von Liebe, von Zuwendung,

von Halt und Sicherheit. Wir glauben, dass unser Beziehungspartner nicht mehr dieselbe Stärke dieser Verbindung wünscht oder dieses Seil ganz durchtrennen könnte. Dass die Verbindung verloren gehen könnte – wie einst, als wir unsere ersten Atemzüge nahmen.

Würden wir aber die Verbindung zu uns selbst als diejenige definieren, die uns Halt und Sicherheit gibt – das Vertrauen zu uns selbst –, dann würden wir nicht ständig in der Angst leben, unsere Verbindungen permanent reparieren und stärken zu müssen, nur damit sie uns nicht verloren gehen. Wir würden so sehr brillieren, dass sich jeder Mensch eine Form der Verbundenheit mit uns wünschen würde, weil wir eines ausstrahlen: die Verbundenheit mit uns selbst.

Die Angst in der Beziehung

Ich

Verfallen wir dem Alltagstrott, machen wir uns keine Gedanken darüber, wer wir eigentlich sind und weshalb wir welche Menschen anziehen oder in unserem Umfeld wissen. Sicher ist, dass unsere Gedanken darüber entscheiden, was wir äußern, wie wir uns entscheiden und wie wir infolgedessen handeln. All dies wirkt auch nach außen und führt dazu, dass wir gewisse Menschen in unser Leben ziehen. Entweder diejenigen, die so sind wie wir, weil sich nach dem Gesetz der Resonanz Gleiches anzieht. Oder diejenigen, die ganz anders sind als wir und mit denen wir uns in bestimmten Projekten ergänzen wollen, was nach dem Polaritätsprinzip gut mit Gegensätzen funktioniert, die sich anziehen.

Fällt aber der Alltag weg, der uns ablenkt, werden die wahren Gründe spürbar, aus denen wir die Menschen anziehen, die wir in unserem Umfeld wissen. Oft sind es Muster, die wir mithilfe dieser Menschen ablegen wollen. Oder es sind tiefe Bedürfnisse und Begierden, denen wir mit ihrer Hilfe nachgehen wollen.

Fällt durch gesellschaftliche Strukturänderungen oder Krisen der klassische Alltag weg, so fällt uns auf, was sich eigentlich hinter der Kulisse dieses Alltages an Bedürfnissen verborgen hielt. Situationen, in denen Menschen über längere Zeit auf engstem Raum beieinander sind, werfen sie auf sich selbst und ihr engstes Umfeld zurück. Unter diesen besonderen Umständen zeigen Menschen ganz andere als die gewohnten Facetten und Seiten als die gewohnten. Diese Seiten können überraschend angenehm oder ebenso überraschend enttäuschend sein. Die überraschende Enttäuschung beispielsweise ist ein Grund, weshalb viele Beziehungen oder ehemals enge Freundschaften im oder nach dem ersten gemeinsamen Urlaub zerbrechen.

Als Therapeut stelle ich immer wieder fest, dass unsere Vergangenheit und tiefe Prägungen unser Verhalten im Hier und Jetzt noch stark beeinflussen können. In unserem Sozialverhalten, in unserer Partnerwahl, in unserer beruflichen Ausrichtung und unserem Denken. In Prägungen liegen unsere Ängste und Sorgen, unsere Süchte und unser Begehren. Eine Liebesbeziehung beispielsweise ist genau die Konstellation, die unsere alten Wunden am stärksten wieder aufreißen kann. In einer Liebesbeziehung machen wir uns verletzbar; wir treten in Verbindung zu einem Menschen, lernen, diesem zu vertrauen, uns in dessen Arme fallen zu lassen. Es kommen die gleichen Ängste auf, die wir schon hatten, als wir klein waren:

- die Angst, allein gelassen zu werden,
- bei einem Vertrauensbruch die Angst, nicht wichtig genug zu sein,

- bei einem Betrug an uns die Angst, nicht zu genügen,
- bei einer Trennung und dem Verlassenwerden die Angst, der Situation hilflos ausgesetzt zu sein.

Damit diese Ängste gar nicht erst aufkommen, ist es wichtig, sich selbst nahe zu sein. So nahe, dass man in die Tiefen der eigenen Seele blicken kann.

Die eigenen Bedürfnisse sollten durch die Beziehung, in der man lebt, positiv genährt werden, ohne dass sie zu Verletzungen in uns führt. Auch in einer Beziehung mit all ihren gesunden Kompromissen ist es wichtig, dass du dich selbst weiterhin als den wichtigsten Menschen in deinem Leben betrachtest. Auch eine Beziehung kann dich lehren, wie du dich vor Menschen schützt, die deine Wunden nur noch tiefer machen, als sie es ohnehin schon sind, selbst wenn diese Erkenntnis zur Trennung führt. Ich spreche von Menschen, die auf Kosten des Beziehungspartners ihre eigenen Wunden nicht wahrhaben wollen, dabei aber ihrem Partner wehtun, der sie doch eigentlich liebt.

Ich möchte dir konkrete Tipps geben und Techniken aufzeigen, die mich als Therapeut und Ausbilder auf den Weg des Erfolgs geführt haben. Du wirst dich vielleicht fragen, weshalb ausgerechnet ich dir diese Tipps geben kann. Der Grund ist der, dass mich meine persönliche Vergangenheit stark geprägt und auf einen anderen Weg als den vieler Altersgenossen geführt hat.

Schon als Teenager las ich Bücher, die noch nicht einmal die Erwachsenen um mich herum lasen, denn es waren Fachbücher. Ich lernte alles über Mentalismus – das

Gedankenlesen anhand der komplexen Kommunikation eines Menschen, verbal wie nonverbal. Mein Wissen um Hypnosetherapie konnte ich danach enorm erweitern und vertiefen.

Heute bin ich nicht nur Ausbilder für Hypnosetherapie in zwei Verbänden – darunter im ältesten und größten Hypnosetherapieverband der Welt –, sondern darf als Präsident des Verbandes der Schweizer Hypnosetherapeuten ein eigenes Therapiezentrum leiten, bin Autor mehrerer Bestseller und Verleger des Schweizer Verlages Cameo.

Diese spezifische Materie, mit der ich mich schon ungewöhnlich früh auseinandergesetzt habe, formte meine Fähigkeiten insofern, dass ich heute Menschen »lesen« und deren Gedanken erkennen kann, meist noch bevor diese ihre eigenen Gedanken selbst bewusst wahrnehmen. Dank meiner Fertigkeit als ehemaliger Zauberkünstler weiß ich, wie man uns Menschen mit Illusionen zu täuschen versucht. Denn das ist nun mal Fakt: Auch in unserem sozialen Umfeld gibt es Illusionisten, Menschen, die uns etwas vormachen.

Von meiner früheren Tätigkeit als Mentalist weiß ich, wie man verdeckte Kommunikation erkennt und entschlüsselt. Wie man die Wahrheit findet – selbst dann, wenn man keinen einzigen materiellen Beweis zur Hand hat.

Meine Erfahrung als Hypnoseexperte hilft mir dabei, dir zu vermitteln, wie man versucht, uns zu beeinflussen; wie Suggestionen unser Unterbewusstsein manipulieren und wie man sich davor schützen kann. Mit meinem Wissen als

Therapeut und Paartherapeut möchte ich dir verdeutlichen, wie wir an unseren eigenen Ängsten und Prägungen so arbeiten können, dass wir Negatives nicht permanent auf unseren Beziehungspartner projizieren, sondern unser gemeinsames Leben stattdessen in vollen Zügen genießen.

Wie eingangs beschrieben, führen außergewöhnliche Situationen jenseits des vertrauten Alltags möglicherweise zu einer neuen Sicht auf unser Zusammenleben mit einem Partner. Das Gedankenlesen, in das ich dir eine kleine Einführung gebe, soll dir dabei behilflich sein, deinen Partner in jeder Situation besser zu verstehen, sodass du die Tiefen überwinden und eure Beziehung so bereichernd wie nur möglich gestalten kannst. Am einfachsten ist das, wenn wir die Gedanken unseres Partners kennen, noch bevor er sie ausspricht. Es gibt kaum etwas Schöneres, als die Gedanken des Gegenübers lesen zu können, ohne miteinander zu sprechen – allein mit Blicken zu kommunizieren, mit Energie und allem, was zwischen uns und dem Partner fließt. Wortlos zu erkennen, was der Partner möchte oder nicht, auch wenn er es nicht aussprechen kann oder will. Wortlos zu erkennen, was unseren Partner beschäftigt. Durch Gedankenlesen ebenso schnell zu erkennen, wenn der Partner Freude empfindet, sich glücklich und erfüllt fühlt und wir das gemeinsame Sein einfach genießen können.

Die Gedanken des anderen lesen zu wollen, hat also nichts mit Voyeurismus, sondern mit Empathie zu tun. Es bedeutet, sich in den anderen hineinzufühlen, hineinzuleben, ohne sie oder ihn dabei zu verletzen.

Natürlich soll dir das Lesen der Gedanken deines Gegenübers auch dabei behilflich sein, dich davor zu bewahren, verarscht zu werden. Wir alle kennen das: Unser Bauchgefühl sagt uns, dass irgendetwas nicht stimmt. Du kennst das Gefühl: Dein Bauch - dein Unterbewusstsein - weiß eigentlich, wie der Hase läuft. Dein Kopf und dein Herz aber versuchen, das Negative - die Möglichkeit, gerade verarscht zu werden - zu verdrängen. Das geht so lange gut, bis uns unser Bauchgefühl - in Form von Misstrauen - letztendlich doch einholt, weil die verletzenden Verhaltensweisen des Gegenübers sich plötzlich als ihre oder seine reale Haltung zu uns abzeichnen. Schlagartig steht unsere Welt auf dem Kopf. Wir sind verletzt und am Boden zerstört, weil wir doch so sehr gehofft hatten, unser Bauchgefühl habe sich und uns getäuscht. Schon schwören wir uns, in Zukunft nur noch auf uns selbst - und damit auf unseren Bauch, auf unsere innere Stimme - zu hören. Das geht so lange gut, bis wieder das Herz spricht und meint, diesmal sei alles ganz anders. Unser Kopf versucht, uns Beweise dafür zu liefern. Beweise dafür, dass uns unser Bauchgefühl täuscht. Das funktioniert auch ziemlich gut, jedes Mal - auch wenn Bauch und Kopf und Bauch und Herz immer wieder miteinander streiten. Um nicht in diesen Kreislauf aus Hoffnung und Enttäuschung zu geraten, möchte ich dir Techniken an die Hand geben, die die Gedanken deines Gegenübers über dessen Kommunikation für dich sichtbar und erfahrbar machen. Nicht nur erfahrbar für den Kopf - auch für den Bauch und für das Herz.

Diese Techniken und die gesamte Thematik beziehe ich in diesem Kapitel primär auf unser Beziehungsleben im Sinne des Liebeslebens, aus dem einfachen Grund, dass wir uns in Liebesbeziehungen auch selbst sehr nahe sind. In der Liebesbeziehung spiegelt uns nicht nur das Gegenüber, sondern auch wir selbst machen uns verletzbar. Unsere Ängste kommen an die Oberfläche, und wir verarbeiten nicht nur unsere Prägungen, sondern auch Verletzungen aus unserer Kindheit und Jugend wie auch unsere sonstigen Erfahrungen, beispielsweise die negativen aus vergangenen Beziehungen.

Das Gefühl, nicht zu genügen, ist in negativen Beziehungssituationen eines der häufigsten Gefühle; das Gefühl, alleingelassen zu werden; das Gefühl, nicht wichtig genug zu sein, um mit einem Menschen verbunden bleiben zu können. Weil diese Gefühle bereits in den ersten Kennenlernphasen aufkommen können, hat der Inhalt dieses Kapitels Informationen besonders für Singles. Unser Unterbewusstsein mag sich in Momenten all dieser Ängste daran erinnern, dass unsere wichtigste Verbindung überhaupt – die Verbindung zu unserer Mutter – schon einmal auf traumatische Art und Weise gekappt wurde: beim Durchtrennen der Nabelschnur. Jede Liebesbeziehung stellt nun erneut eine Art Nabelschnur dar – nur nicht im geweblichen Sinne. Die Angst kommt auf, dass die Verbindung wieder getrennt werden könnte, dass wir wieder so hilflos werden wie damals, unmittelbar nach unserer Geburt. Das Gefühl, stets genügen zu müssen, gibt uns eine Art Scheinsicherheit. Wir glauben, das Gegenüber hätte dann keinen Grund, die Verbindung – die »Nabelschnur« – zu kappen. Wenn wir erst verinnerlicht haben – und damit meine ich, auch unbewusst wissen und fühlen –, dass wir nicht sofort hilflos sind, sobald unser Partner die Verbindung trennt, sondern dass wir stets selbstsicher und stark bleiben können, dann ist die Angst, nicht zu genügen, ein vergangenes, ein vergessenes Gefühl. Dann nämlich haben wir gelernt, eine tiefe Liebe zu uns selbst zu fühlen. Dann nämlich wissen wir, dass diese tiefe Selbstliebe uns wie ein wunderschönes großes und sanftes Netz auffängt, jederzeit. Gehst du in die Liebe zu dir selbst, dann gehst du eine neue Beziehung ein, die dich stärkt und die du – wie jede neue Liebe – zelebrieren kannst. Denn wenn es etwas zu feiern gibt, dann ja wohl die Tatsache, dass es uns gibt und dass wir wunderbar sind.

Das Verhör

Seit wir fühlen können, durften wir Schutz und Geborgenheit wahrnehmen. Nicht nur im Mutterleib, sondern auch nach der Geburt, als man uns fütterte, uns auf dem Arm trug, uns Kleider anzog und sich darum sorgte, dass wir uns optimal entwickeln können. Unser Verlangen nach Schutz und Geborgenheit gehört zu dem Natürlichsten überhaupt. Ebenso normal ist es, dass wir dessen Mangel oder Gefährdung immer sofort spüren. Menschen neigen dazu, das Negative zu sehen, bevor es sich tatsächlich manifestiert. Wir neigen dazu, unser Gegenüber negativ zu sehen, weil wir Angst haben, verletzt zu werden, weil wir in der Vergangenheit verletzt worden sind. Glauben wir beispielsweise, in Beziehungen bisher immer nur belogen oder betrogen worden zu sein, dann sehen wir unseren Partner immer zuerst als Schuldigen – nie aber als Unschuldigen. Aus Erfahrung heraus tendiert unsere Denkweise zum Negativen. Dieses Denken äußert sich durch unsere Worte. Diese Worte enden in einem bestimmten Verhalten. Dieses Verhalten entscheidet darüber, wie die Energie und somit die Bilanz zwischen uns und unserem Gegenüber ist.

Sehen wir die Schuld immer nur in unserem Gegenüber, konditionieren wir unseren Geist auf die negativen Aspekte und Verhaltensweisen der Menschen auf unserem Planeten. Dies geschieht also in einer Welt, in der wir ohnehin permanent durch negative, angsteinflößende Informationen sensibilisiert werden.

Es ist geradezu unmöglich, fernzusehen oder eine Zeitung aufzuschlagen, ohne mit negativen Geschehnissen, die sich gerade in der Welt abspielen, konfrontiert zu werden. Schalten wir das Radio ein oder sind im Small Talk mit anderen, hören wir durchweg von Furcht einflößenden Dingen auf der Welt. Das Wort »Krise« ist in aller Munde. Es wird inflationär benutzt, in Gesprächen, in E-Mails, in Schlagzeilen. Krise, lesen und hören wir. Seltener aber »Chance«. Wir meiden öffentliche Plätze mit erhöhtem Gefahrenpotenzial wegen möglicher terroristischer Attentate oder Ansteckungsgefahr mit Viren und

Krankheiten. Wir konditionieren uns zunehmend auf angstgesteuertes Denken. Das ist völlig paradox. Uns geht es verhältnismäßig gut. Wir leben in Demokratien, haben unsere persönliche Entwicklung weitestgehend selbst in der Hand, leiden keinen Hunger, die meisten von uns haben ein Dach über dem Kopf, nicht wenige darunter sogar ihr eigenes. Parallel dazu spielt sich Unmenschlichkeit auf unserem Planeten ab. Das ist ein Zustand, der jeden Einzelnen von uns dazu veranlassen sollte, in der Verbundenheit miteinander Großes und Schönes zu bewirken. Würde jeder jedes Jahr ein Mal spenden – an Obdachlose, Gewaltopfer, Kinder in Heimen oder den Tierschutz –, warum nicht genau den Betrag, den wir in unsere Süchte aus Kaffee, Fast Food, Alkohol und Zigaretten investieren?, dann könnten wir unsere Welt zu einem besseren Ort machen. Und schon konditionieren wir uns auf das positive Denken, das einzige Denken, das unseren Geist wirklich fördert. Das einzige Denken, das uns in positiver Energie hält.

Übertragen wir dieses Denken auf unsere Beziehungen, dann stärkt unsere Haltung, das Gegenüber nicht von Grund auf als Schuldigen, sondern immer erst mal als Unschuldigen zu sehen, durch positive Konditionierung unser Unterbewusstsein. Auch in der Beziehung sollten wir den Partner zuerst als einen Menschen mit positiver Energie sehen.

Wir sollten die Lebensgeschichte des Gegenübers betrachten und versuchen zu erkennen, dass das Gegenüber aus Liebe handeln möchte – auch dann, wenn es ihr oder ihm vielleicht nicht leichtfällt. Wir sollten uns aneignen, unseren Partner in einem positiven Licht zu sehen. In einem Licht, das die seelisch schönen Seiten des Partners aufzeigt. Auch dann, wenn Enttäuschungen und Verletzungen es uns schwer machen, das Positive im Partner zu sehen. Dieses Vorgehen machen sich beispielsweise auch Ermittler bei der Kriminalpolizei zunutze. Mutmaßliche Täter werden aus der Unschuldsvermutung heraus befragt, was nicht immer leichtfällt. Aber so baut der Ermittler mit seiner Empathie ein Vertrauensverhältnis zu seinem Gegenüber auf, aus dem heraus dieses sich dann öffnet und im besten Falle die Wahrheit sagt. Effektive Ermittler suchen nicht nach Beweisen, um die Schuld der Verdächtigen zu verdeutlichen, sondern nach Beweisen, um ihre Unschuld zu bestätigen und nach dem Ausschlussverfahren arbeiten zu können. Nur so kommen sie dem wahren Täter auf die Spur. Erst wenn zu wenige oder gar keine Beweise für die Unschuld des Gegenübers gefunden werden, kann man auf seine Schuld schließen. Diese Vorgehensweise mag sich absurd anhören, bringt jedoch viele Vorteile mit sich: Die Denkweise des Verhörenden wird geschont.

Das heißt, dass die verhörenden Ermittler – oder Partner – auf diese Weise ihren Geist stets auf die positiven Seiten der Menschen und des Lebens ausrichten. Denn in vielen Fällen hinterlässt die Summe an Verhören leider auch negative Spuren. Wer ständig nur Verbrecher um sich herum sieht, konditioniert den eigenen Geist auf eine sehr pessimistische Weise; die Denkweise wird automatisch vorverurteilend. So auch dann, wenn wir in unseren Partnern ständig Lügner und Fremdgeher sehen. Das Denken fokussiert sich auf das Negative. Unsere Synapsen verknüpfen sich mit ausschließlich negativen Inhalten wie dem Lügen, Hintergangenwerden, Betrogen- oder Vernachlässigtwerden. Diese Denkweise erzeugt Stress, und alle vom Stress betroffenen Systeme und Organe leiden mit.

Anders jedoch verhält es sich, wenn man den Partner von Grund auf positiv sieht. Die Denkweise bleibt optimistisch, und so bleiben auch wir als Partner positiv denkend. Wir fühlen uns ganzheitlich frei und zufrieden. Und alles dankt uns dafür: unser Gehirn, welches positive Gedanken miteinander verbinden kann, unser Nervensystem und alle an unser Nervensystem gebundenen Systeme und Organe.

Neben den Vorteilen für uns selbst gibt unser positiv ausgerichtetes Denken auch dem Partner ein neues Lebensgefühl. Allerdings wäre es falsch, wenn wir unsere bisherige Haltung nicht aus Liebe zu uns selbst und zu unserem Partner revidierten, sondern nur aus Angst. Aus Angst, verlassen zu werden. Aus Angst, allein zu sein. Aus Angst, nicht zu genügen.

Das Gleiche gilt für die Werte, nach denen wir unser Leben ausrichten. Jeder von uns hat ganz eigene Werte – und jeder definiert, welche Gewichtung die eigenen Werte im Leben haben sollen. Wichtig ist, dass die Entscheidung, einen eigenen Wert aus der Angst heraus zu missachten, keine Entscheidung ist, die aus einer positiven

Energie heraus entsteht, sondern aus der Angst, sich sonst verletzt zu fühlen.

Der Sprung vom Fünfmeterturm

Man sollte auch in einer Beziehung über die eigenen Ängste sprechen können. Spürst du, dass du aus Angst, verletzt zu werden, in einer Beziehung nicht auch über deine Ängste sprechen kannst, dann solltest du vernünftig genug sein, erst einmal Single zu bleiben und eine Therapie zu beginnen. Eine derartige Angst vor dem Thematisieren der Ängste kann ja nur aus eigenen Prägungen entstanden sein. Mittels einer Therapie lernst du, mit vergangenen Prägungen aus der Kindheit und Jugend so umzugehen, dass du in der nächsten Beziehung frei und offen darüber mit deinem Partner reden kannst. Das Wort »Therapeut« kommt vom griechischen Wort »therapon«, was für Gefährte und Diener steht.

Therapeuten dienen uns und sind unsere Weggefährten. Jeder Mensch sollte für seine Themen mindestens einmal im Leben eine Therapie machen. Eine Therapie ist ein Prozess, in dem der Geist gereinigt und aufgebaut wird. Es ist eine Art Tuning des Geistes. So wie man zum Sport oder ins Fitnesscenter geht, um den Körper fit zu machen, geht man zur Therapie, um den Geist auf Erfolg zu programmieren. Die Hypnosetherapie ist ein kraftvolles Werkzeug, weil sie nicht nur mit dem Bewusstsein, sondern vor allem mit den unbewussten Inhalten arbeitet.

Wenn man innerhalb der Beziehung an einen Punkt gekommen ist, an dem man über alles – und damit meine ich wirklich alles – sprechen kann, fühlt sich dies äußerst befreiend an. Man weiß dann, dass man den Partner mit allem Erdenklichen konfrontieren und sich dabei stets in Sicherheit fühlen kann. Es ist die Fähigkeit, alles einfach auszusprechen, auch dann, wenn man sich vor der Reaktion des Gegenübers etwas fürchtet.

Es gibt viele wirkungsvolle Techniken, die vermitteln, wie man mit dem Partner angstfrei über Ängste sprechen kann.

Stell dir vor, du stehst in einem Schwimmbad oben auf dem Fünfmeterturm und fürchtest dich, ins Wasser zu springen. Unser Bewusstsein weiß, dass das Wasser sehr wohltuend und erfrischend ist und der Sprung einen Adrenalinkick zur Folge haben und im Nachhinein Spaß gemacht haben wird. Dennoch fürchtet unser Unterbewusstsein den Sprung in die Tiefe. Der Grund dafür ist, dass unser Unterbewusstsein ein ganz altes Programm in sich hat, das sagt: »Achtung! Es ist sehr gefährlich, aus fünf Metern Höhe in die Tiefe zu springen!« Vergleichbar damit ist, dass unser Unterbewusstsein – wenn wir in der Beziehung über etwas uns Belastendes sprechen wollen – aufgrund von negativen Erfahrungen in der Vergangenheit ein Programm in sich hat, das sagt: »Achtung! Dem Menschen, den du liebst, etwas Belastendes anzuvertrauen, ist sehr gefährlich! Er könnte dich verlassen!«

Genauso, wie wir irgendwann unser Unterbewusstsein einfach ignorieren und trotzdem vom Fünfmeterturm springen, sollten wir uns aneignen, einfach das auszusprechen, was uns auf der Seele liegt. Denn mit jedem Sprung vom Sprungbrett lernen wir, dass der Sprung nicht gefährlich ist – bis wir irgendwann, wenn wir oben auf dem Brett stehen und in die Tiefe blicken, völlig angstfrei sind. Genauso verlieren wir die Angst, etwas Belastendes auszusprechen, das uns schwerfällt. Diese Fähigkeit, das Kind einfach beim Namen zu nennen, wird uns nicht nur im Beziehungsleben, sondern auch in allen anderen Lebensbereichen zugutekommen. Beispielsweise bei der Arbeit, in Freundschaften oder in der Familie. Es ist die Fähigkeit, das Herz sprechen zu lassen. Es ist eine kommunikative Reinheit, die vieles von Herzen klärt statt tarnt.

Krisenmanagement

Wo Liebe ist, da ist die Angst nicht weit entfernt. Die Angst, allein gelassen zu werden oder nicht zu genügen, die Angst, ausgegrenzt zu werden. Ängste, denen wir alle schon begegnet sind. Wenn sie da sind, lassen sie sich nur schlecht ignorieren. Wenn sie da sind, sind sie da. Jede Angst, die bei uns oder bei unserem Partner aufkommt, trägt das Risiko eines möglichen Streits in sich. Und unnötige Streitigkeiten zu verhindern – ein optimales Krisenmanagement zu haben –, ist eine der größten Erfolgsregeln für eine langfristige Beziehung.

Mit einem guten Krisenmanagement kann man in den entscheidenden Momenten, in denen sich eine Krise anzubahnen scheint, die richtigen Maßnahmen ergreifen – was einen ausgewogenen Einsatz von Kopf, Bauch und Herz zugleich erfordert. In einer Krise stecken Menschen zu sehr in ihrem Herzschmerz, und der Weg von dort bis zu den Tränen ist kurz.

Andere wiederum sind zu sehr mit ihrem Bauchgefühl beschäftigt, welches unsere Prägungen aus unserer Vergangenheit zutage fördert. Deshalb ist es in Krisensituationen wichtig, wieder ein Gleichgewicht herzustellen zwischen Herz, Bauch und Kopf. Der Kopf kommt in Krisenzeiten oft zu kurz, weil wir die Angst im Bauch oder im Herzen spüren und dann auch mit beiden darauf reagieren wollen.

Fragt man Menschen nach dem Ort ihrer Angst, dann antworten 99 Prozent aller Befragten, dass sie sie entweder im Bauch, zwischen Bauch und Brustbereich, nahe der Brust oder beim Hals wahrnehmen. Überall dort, wo das vegetative Nervensystem für unsere Wahrnehmungen verantwortlich ist. Deshalb ist es von großer Bedeutung, dass wir in Krisensituationen auch die Ratio aktivieren, damit wir nicht völlig im Gefühl der Angst untergehen. Doch den Kopf einzusetzen ist einfacher gesagt als getan.

Tatsache ist: Man kann es üben. Man kann üben, in Krisensituationen ruhig zu bleiben. Eine Fähigkeit, die sich Menschen im Rettungsdienst, Ärzte und Anwälte aneignen müssen. Doch wie übt man das?

Man legt sich außerhalb von Krisenmomenten eine Vorstellung bereit, die im Krisenmoment abgerufen werden kann. Die Vorstellung muss absolut abstrakt sein und darf in keinerlei Zusammenhang mit der Situation selbst oder mit der konkreten Angst stehen. Im besten Fall ist es eine so abstrakte Vorstellung von etwas, das du in deinem Leben noch nie gesehen hast. Zum Beispiel die Vorstellung einer Katze, die in roten Gummistiefeln Trampolin springt. Oder die Vorstellung eines Hundes, der in eine Zitrone beißt. Das Grundkonzept dahinter ist, dass man die Festigung der Verbindungen der Synapsen im Gehirn, die mit der Angst verbunden sind, verhindert. Sämtliche Verbindungen, welche die Angst herstellen will, sollen damit zerstört werden. Auf diese Weise nehmen wir der Angst den Raum. Genauer gesagt, geben wir nicht *ihr* den Raum, sondern der Katze oder dem Hund. Bekommt die Angst zu wenig Aufmerksamkeit, verschwindet sie, wird immer weniger und kleiner. Und plötzlich ist sie weg. Einfach weg.

Merkst du, dass dein Beziehungspartner gerade in einer Angst ist, so ermutige ihn, an diese lustige Katze oder an den überraschten Hund zu denken. Und stell deinem Partner dann Fragen dazu, zum Beispiel, welche Farbe heute die Gummistiefel der Katze haben. Durch diese Fragen veranlasst du, dass ihr wieder in die positiven Gefühle finden könnt. Hast du es mit dem absurden, neutralen Bild geschafft, deinen Partner aus der Angst herauszuholen, besteht der nächste und maßgebliche Schritt darin, dass du sie oder ihn dazu motivierst, an ein ganz konkretes, schönes Bild aus eurer positiven gemeinsamen Zukunft zu denken. Ein Bild, das demjenigen, der in der Angst gefangen war, guttut. Natürlich dürft ihr auch beide unterschiedliche Zukunftsvorstellungen haben, an denen ihr euch erfreut. Genauso funktioniert es mit derselben Vorstellung eurer Zukunft. Solch schöne Bilder sind zum Beispiel, wie ihr beide zusammen mit den Kindern zum Strand fahrt. Oder wie ihr euch umarmt, wenn die Tochter ihren Schulabschluss macht.

Damit du dein Gegenüber dazu veranlassen kannst, dass sie oder er in dieser schönen Zukunftsvorstellung und damit in der positiven Energie bleibt, solltest du ihr oder ihm eine konkrete Frage stellen. Zum Beispiel: »Sag mir: Mit welcher Note wird unsere Tochter die Schule abschließen?« Damit bewirkst du, dass dein Partner in den positiven Gedanken bleibt. Du programmierst nicht nur deinen eigenen Geist auf positive Weise, sondern auch den deines Beziehungspartners.

Dein persönliches und schnelles Krisenmanagement

1. Denke, sobald sich eine Krise anbahnt, an einen neutralen, aber absurden Gedanken, der völlig zusammenhanglos ist und der es dir ermöglicht, die Ratio zu aktivieren und den negativen Gedankenprozess zu durchbrechen
2. Denke an ein konkretes Detail aus der gemeinsamen Zukunft mit deinem Beziehungspartner. Wenn du deinen Partner dazu motivieren möchtest, dieses Krisenmanagement anzuwenden, dann stelle ihm konkrete Fragen zur absurden,

neutralen Vorstellung sowie im Anschluss eine konkrete Frage zu einem Detail der positiven Zukunftsvision deines Gegenübers.

Vom Binden und Trennen

Das Gefühl von Verbundenheit gehört zu unseren schönsten Erfahrungen überhaupt. Und gerade weil Verbundenheit so schön ist, fürchten sich viele davor, eben jene Verbundenheit wieder zu verlieren. Es ist absurd: Was wir so gern leben wollen, lassen wir aus lauter Verlustangst gar nicht erst zu, denn es ist tatsächlich so: Die Angst, verlassen zu werden und Verbundenheit zu verlieren, ist eine Angst, die viele Menschen darin hemmt, eine engere Verbindung überhaupt erst einzugehen, und das, obwohl sie eine tiefe Anziehung zu einem anderen Menschen verspüren.

Diese Angst gibt dem Zurückgewiesenen oft das Gefühl, nicht zu genügen oder nicht gut genug zu sein für eine tiefere Verbindung mit ihm. Schon kommen die typischen Fragen und Zweifel auf: Bin ich nicht intelligent genug? Bin ich nicht hübsch genug? Oder liegt es daran, dass ich zu wenig Geld verdiene? Bin ich zu dick? Oder zu dünn?

Fragen über Fragen. Fragen, mit denen man sich im Kreis dreht. Derjenige, der die Bindung nicht eingehen kann, antwortet ausweichend auf die Frage nach dem Weshalb: »Ich weiß selbst gerade nicht, wo ich im Leben stehe«, oder: »Ich finde dich echt toll, aber ich kann mir derzeit noch keine Beziehung mit dir vorstellen«. Antworten, die uns mit Überlegungen plagen wie: »Sobald du also wieder Orientierung in deinem Leben hast, wirst du dich entscheiden können?« Oder: »Heißt das, dass vielleicht später einmal etwas aus uns werden könnte?«

All das sind Überlegungen, mit denen wir uns unnötig quälen. Denn für die Beantwortung unserer Fragen durch den Partner gibt es letztendlich nur zwei Möglichkeiten:

➢ Kein Interesse

Der Mensch, an dem wir Interesse haben, hat schlichtweg kein Interesse an uns. Dies kann tatsächlich daran liegen, dass für diesen Menschen irgendwelche spezifischen Dinge von ganz großer Bedeutung sind. So beispielsweise die Körpergröße oder das monatliche Gehalt oder das Aussehen. Wenn jemand solche Ansprüche hat, stellt sich die Frage: Möchtest du mit einem solchen Menschen wirklich eine tiefere Bindung eingehen? Mit einem Menschen, der dich und deine Werte auf ein einziges Merkmal reduziert?

➢ Eigene Prägungen

Die Prägungen aus der Vergangenheit – meist Kindheit und Jugend – lösen in dem Menschen, an dem du Interesse hast, eine Angst aus, sich zu binden. So könnte es beispielsweise sein, dass er als Kind oft von den eigenen Eltern abgewiesen wurde oder man ihn in der Schule ausgeschlossen oder sogar gemobbt hat. Diese Prägungen sitzen sehr tief. So tief, dass sein Unterbewusstsein realisiert, dass er wieder verletzt werden könnte, sobald er eine Bindung mit jemandem eingeht. Verletzt wird, weil er sich zu seinen Gefühlen bekennt. Zu Gefühlen, die man verletzen könnte. In diesem Fall sollte man sich darüber im Klaren sein, dass eine Beziehung mit diesem Menschen wahrscheinlich kein Zuckerschlecken werden wird. Offensichtlich hat sich der Mensch bestimmte Prägungen und Verletzungen aus seiner Vergangenheit noch nicht näher angeschaut, weshalb sie ihn im Leben immer noch dominieren, und zwar so sehr, dass er lieber auf eine engere Bindung zu einem Menschen verzichtet.

Nun stellt sich die Frage: Kann man auf so wenig Vertrauen in die Bindung eine Beziehung aufbauen, die wirklich von Anfang an beiden guttut? Sollten nicht die Gefühle der Liebe über all dem stehen dürfen – über all den Ängsten, verletzt zu werden? Ist sie oder er wirklich die oder der Richtige, wenn dessen Prägungen so viel Raum und der Liebe nicht mal eine Chance geben?

Machst du dir, bevor du eine Beziehung eingehst, deinen Wert bewusst, dann bleibst du dir und deiner Selbstliebe treu. Denn das Allerwichtigste ist, dass du dich selbst nicht verlierst. Und dass du deinen Wert nicht für einen anderen Menschen herabsetzt. Du hast es nicht nötig, anderen hinterherzulaufen. Du hast es nicht nötig, vor anderen auf die Knie zu fallen und darum zu bitten, dich genauso zu behandeln, wie du sie behandelst. Und du hast es nicht nötig, dein Gegenüber darauf hinzuweisen, dass sie oder er dir tiefere Gefühle zeigen darf.

Öffnest du dich beispielsweise in der Kennenlernphase deinem Gegenüber sehr, und die Person missachtet diesen Schritt, solltest du nicht zu lange hoffen, dass sie oder er sich ebenso öffnen wird. Wer dich von vornherein mag und schätzt und sofort Interesse an dir hat, öffnet sich ebenso – und zeigt es dir. Wenn du jedoch immer wieder aufs Neue Anlauf nehmen musst, um von deinem Gegenüber auch mal ein Kompliment oder eine liebevolle Bemerkung zu erhalten, solltest du dir grundlegend Gedanken darüber machen, ob du eine solch einseitig verlaufende Emotion oder nicht doch etwas Besseres verdient hast.

Das Gleiche gilt für den Fall, dass dein Partner dich nach einer bestimmten Zeit des gemeinsamen Beziehungslebens plötzlich nicht mehr so behandelt, wie du es dir wünschst. Auch da stellt sich die Frage, ob du einen negativen Umgang mit dir verdient hast. Ich bezweifle es.

Wenn du dein Gegenüber darauf ansprichst – im Rahmen eines ruhigen und konstruktiven Gesprächs –, wird dies zum einen deinen Attraktivitätsstatus in die Höhe schnellen lassen, weil Menschen, die sich selbst wichtig sind, generell attraktiver sind als solche, die es nicht sind; zum anderen wird die Beziehung durch das klärende Gespräch hoffentlich wieder Aufschwung bekommen.

Durch offene und ehrliche Kommunikation können sich beide Seiten all das von der Seele reden, was ihnen schon länger Bauchschmerzen bereitet. Wenn all dies jedoch nichts bringt und Herz, Bauch und Kopf sagen, dass es sinnvoller ist, die Beziehung zu beenden; wenn die Gefühle der Liebe nicht mehr wirklich durchschimmern, so stellt sich die Frage, was dich noch daran hindert, den Schritt in die Trennung zu wagen.

Es lassen sich im Allgemeinen drei große hemmende Gründe nennen, weshalb wir den Schritt in die Trennung, den wir eigentlich machen wollen, doch nicht umsetzen können.

➢ Das Gefühl, nicht zu genügen

Wer sich trennen will, spielt in Gedanken die Trennung vom Anfang bis zum Ende durch. Meistens schießt derjenige dabei allerdings über das »Ende« hinaus mit Gedanken wie: Was, wenn ich ihn plötzlich Hand in Hand mit einer anderen sehe? oder: Was, wenn sich danach herausstellt, dass ich nie sein Typ gewesen bin, weil seine nächste Freundin doch ganz anders aussieht als ich?

Das sind Fragen, die aus unserer Angst entstehen, nicht zu genügen. Aus der Angst, feststellen zu müssen, die ganze Zeit über belogen worden zu sein. Viele haben große Angst vor dem Gefühl, nicht zu genügen, wenn man den Ex-Freund plötzlich mit einer anderen sieht, die man schmerzhaft im Vergleich mit sich selbst als »viel besser« bewertet. Diese Angst hält viele davon ab, eine Beziehung zu beenden. Aber wäre nicht gerade in diesem Fall eine Trennung zugleich ein fantastischer Test, der dir verdeutlichen könnte, ob du für ihn wirklich der größte und wichtigste Mensch auf Erden warst? Denn wenn du ihn nur wenige Tage später mit einer anderen sehen solltest, so hast du ja die Gewissheit, dass er keine Mühe aufbringt, um dich zurückzugewinnen, und die Werte, die er dir vermittelt hat, gelogen waren.

➢ Die Entscheidung bereuen

Einige würden sich nie trauen, die Entscheidung einer Trennung umzusetzen, schlichtweg aus der Angst heraus, diese Entscheidung zu bereuen: Es könnten später ja doch wieder Gefühle für den Beziehungspartner aufkommen. In diesem Fall könnte eine vorübergehende Beziehungspause eine Möglichkeit darstellen, um herauszufinden, wie sich diese Entscheidung über einige Tage oder Wochen hinweg anfühlt. Entscheidet sich dein Partner während dieser Beziehungspause gleich für eine andere Person, dann war er sowieso nicht der Richtige für dich.

➢ Verlust

Viele trennen sich nicht – obschon das innere Bedürfnis dazu besteht –, weil sie Angst haben, dass sie dadurch etwas Wertvolles verlieren. Meist handelt es sich hierbei um die gemeinsamen Freunde, die man verlieren könnte, oder um die Familie des Partners, mit der man nach der Trennung nichts mehr zu tun hätte. In seltenen Fällen handelt es sich bei dem Verlust um Materielles, wie das Einkommen des Partners oder die Güter, die man teilte. Oft tritt dieser Grund gleichzeitig mit der Angst auf, allein zu sein. Allein, weil all das, was das eigene Leben ausgefüllt hat – die Beziehung, die Familie des Partners, die gemeinsamen Freunde –, plötzlich wegfiele und sich das eigene Leben dann »leer« anfühlen würde.

Auch hier gilt: Wenn nur Freunde, Familie oder materielle Güter die Beziehung am Leben erhalten, so kann mit Gewissheit behauptet werden, dass diese Beziehung nicht mehr auf Gefühlen aufbaut, sondern auf rationalen Gegebenheiten.

Wann auch immer Gedanken an eine Trennung innere Zweifel hervorrufen, sollten wir uns die Frage stellen, ob diese Zweifel rationaler Natur sind, also vom Kopf herkommen, ob sie vom Bauch – von der Ebene der Ahnung – herrühren oder ob sie vom Herzen – von der Ebene des Gefühls – stammen. Und wann immer man die Trennung angeht, sollte man sich vergegenwärtigen, dass beide Seiten die Trennung durchleben und dies ein sehr intensiver Prozess ist, der viel verändern kann. Allein durch das Aussprechen der Trennung ist sie noch nicht in Stein gemeißelt; oftmals ist die Trennung – oder die Androhung einer Trennung – ein letzter Hilferuf, der den Partner wachrütteln und wieder mit dem Herzen fühlen lassen möchte. Viele Beziehungspartner, die eine Trennung angehen, bleiben schließlich doch zusammen, weil ihnen die drohende Trennung plötzlich all die Werte neu bewusst gemacht hat, die durch unnötige Streitereien und den falschen Fokus in der Beziehung völlig untergegangen waren.

Bereichernd und auch stressärmer ist wohl die gemeinsame Lösungsfindung in der Beziehung. Oftmals genügt es, wenn beide Seiten es sich wieder aneignen, mit dem Kopf zu denken, mit dem Bauch zu erahnen und mit dem

Herzen zu fühlen. Und nicht, wie es viele tun, mit dem Kopf zu fühlen. Der Kopf kann nicht fühlen, er kann nur denken. Jeder Bereich – Kopf, Bauch und Herz – hat bestimmte Fähigkeiten und letztendlich auch eine ganz bestimmte Aufgabe. Wenn wir mit dem Kopf zu fühlen versuchen, wäre das ebenso absurd, wie wenn man im Restaurant das bestellte Essen wieder zurückgehen ließe mit der Begründung, das Essen höre sich schlecht an. Essen schmecken kann man nur mit der Zunge und ihren Geschmacksnerven. Man kann auch kein Musikstück mit den Augen sehen. Man muss es hören. Deshalb sollte man das Formulieren von Sätzen vermeiden, die ungefähr so lauten: »Ich glaube, mein Mann liebt mich nicht mehr.« Man glaubt mit dem Geist, nicht aber mit dem Herzen.

Wie fühlt es sich an, wenn du dir selbst sagst: »Ich fühle, dass mich mein Mann nicht mehr liebt«, und diese Aussage neben die Aussage stellst: »Ich fühle, dass mein Mann mich liebt«?

Was fühlt sich wahrer an?

Paartherapie

Nicht nur zu Zeiten einer Krise ist jede Beziehung eine natürliche Form der Paartherapie. In jeder Situation werden wir in einer Beziehung an unsere Ängste und Verletzungen herangeführt und verfolgen unbewusst das Ziel, die Ängste zu überwinden und die Verletzungen heilen zu lassen – mithilfe der Liebe und der Verbundenheit.

Wie bereits erklärt, ist ein Therapeut ein Gefährte, ein Begleiter auf unserem Weg, der uns dazu veranlasst, im Denken auch mal eine andere Perspektive einzunehmen und zuzulassen. Perspektiven, die wir vorher gar nicht sehen konnten, weil wir viel zu sehr in den eigenen Verletzungen verstrickt waren.

Jeder Mensch hat einen Therapeuten verdient. Therapie bedeutet nichts Schlechtes, sondern etwas Wunderschönes. Therapiert zu werden bedeutet, begleitet zu werden. Wer eine Therapie beginnt, der will etwas aus seinem eigenen Potenzial machen; der will an den eigenen Ängsten arbeiten und das Unterbewusstsein sowie das Bewusstsein auf Erfolg, Verbundenheit und Freiheit programmieren. Therapeuten begleiten uns und helfen uns dabei, unseren Horizont zu erweitern - neue Gedanken zu gewinnen und damit auch neue Gefühle zu leben.

Der Paartherapeut erkennt Zusammenhänge, sieht ineinandergreifende Prozesse zwischen beiden Beziehungspartnern und begleitet beide, einzeln wie auch zu zweit, auf dem Weg zu einer gemeinsamen Wunschvorstellung. So wie die von mir begründete Paartherapie-Methode, die ich an meinem Institut für Geistige Entwicklung lehre. Eine Methode, die auf einfache und zugleich direkte Art und Weise beide Beziehungspartner unterstützen soll - mittels Arbeit mit ihrem Bewusstsein wie auch mit ihrem Unterbewusstsein.

Im Grunde sind wir alle bereits Paartherapeuten, denn wir alle waren schon mal für einen Freund die Schulter zum Anlehnen, wenn dieser in einer Beziehungskrise war.

Und vielleicht kannst du nun auch konkrete Techniken aus diesem Buch nutzen, um mit ihrer Hilfe bei deinen Freunden bessere Gefühle herbeizuführen, wenn diese wieder in Beziehungskrisen sind, wenn alte Ängste hochkommen und alles blockieren. Denn es ist die Verbundenheit miteinander, die uns guttut. Die Verbundenheit, die uns stärkt und uns Halt gibt.

Therapiert euch gegenseitig – es ist ein großartiges Erlebnis, wenn die Tränen des Partners plötzlich wieder trocknen und er wieder lächeln und die wunderschönen Seiten des Lebens genießen kann.

Allein und ohne Angst

Du solltest dir die Frage stellen, wie du dein Leben am liebsten leben möchtest – und nicht, wie andere wollen, dass du dein Leben lebst. Es wird immer Menschen geben, die nicht auf Harmonie und Augenhöhe aus sind, sondern die nur funktionieren, indem sie geführt werden oder sich führen lassen. Auch solche Menschen sind in bestimmten Systemen sehr wichtig. Aber dann gibt es leider immer wieder solche darunter, die dich herumkommandieren, dich einschüchtern oder dir vielleicht gar Angst machen wollen. Und warum? Weil es ihr Selbstwertgefühl in diesen Momenten pusht. Sie missbrauchen die Macht oder den Einfluss, den sie auf ihre Mitmenschen haben. Solche Menschen musst du nicht in deinem Leben behalten. Du hast etwas ganz anderes vor: die positiven Seiten des Lebens sichtbar zu machen. Denn auch wenn noch so viel Negatives um uns herum zu herrschen scheint: Die positiven Seiten unseres Lebens bleiben positiv und bereichernd.

Es gibt sie. Ja – ich sage dir: Ich weiß, dass es sie gibt. Die heilsamen Momente. Die heilsamen Begegnungen. Die heilsamen Botschaften. Die positiven Energien, die dich schützen und ganz Großes bewirken lassen. Und auch wenn mal etwas nicht so angenehm ist, so versuche zu erkennen, worin dich diese Erfahrung weiterbringen wird. Denn am Strand zu liegen und das Leben zu genießen gehört zwar zu den schönsten Erlebnissen überhaupt – doch eine geistige Weiterentwicklung findet womöglich in solchen Momenten nicht statt. Wenn wir Hürden, Blockaden, Ängste und andere schwierige Situationen zu bewältigen haben, so lernen wir in diesen Momenten weitaus mehr, als jedes Schulbuch uns je lehren könnte.

Lass dich nicht unterkriegen, und lass dich nicht verarschen, -sondern folge deiner inneren Stimme und bewirke mit deiner positiven Energie ganz Großes! Denn wenn unsere Welt etwas braucht, dann sind es Menschen wie du, die erkennen, welch positives Potenzial in uns allen schlummert.

Von der Prägung zum Verhalten

Wer jahrelang verletzt, missbraucht oder misshandelt wird, wird unwillkürlich darauf einen Lernprozess für sich aufbauen, der ihn als Menschen maßgeblich verändert.

So kann sich das Kind mit jedem Mal, wenn es misshandelt oder missbraucht wird, einreden, es sei nichts wert, es tauge zu nichts; es müsse sich fügen und gehorchen. Dies kann sich später so sehr auf das Unterbewusstsein des damaligen Kindes auswirken, dass der nun mittlerweile erwachsene Mensch beispielsweise sehr schüchtern ist, anderen Menschen nicht widersprechen kann, nicht streiten kann oder gar unterbewusst stets Angst vor mächtig wirkenden Menschen hat. Die Prägung hat sich also nicht nur auf das Verhalten des damaligen Kindes ausgewirkt, sondern sogar auf Persönlichkeitsmerkmale des nun mittlerweile erwachsenen Menschen.

Hier spielen sehr viele Faktoren zusammen, die darüber etwas aussagen können, wie sehr sich eine Prägung auf den Menschen auswirkt. Doch wir wissen, dass wir, je jünger wir sind, desto gefährdeter sind. So glauben Kinder auch noch an den Nikolaus. Sie haben zu wenige Erfahrungswerte, aus denen sie schöpfen können, als dass sie abwägen könnten, ob es den Nikolaus überhaupt geben kann. Mit zunehmendem Alter verstehen auch sie, dass der Nikolaus sehr schnell fliegen können muss, um an einem einzigen Tag einmal um die ganze Welt reisen und jedes einzelne Kind beschenken zu können. Irgendwann ist das Kind reich genug an Erfahrungen, dass es ganz ohne fremde Hilfe verstehen wird, dass es den Nikolaus nicht geben kann.

Genauso sieht es mit der beschützenden Instanz unseres Unterbewusstseins aus.

Je jünger wir sind, wenn unser Unterbewusstsein geprägt wird, desto gravierender können die Auswirkungen sein. Das Unterbewusstsein des Kindes verknüpft Einflüsse mit den entstandenen Gefühlen. Das Unterbewusstsein hat so vielleicht die laute Stimme des Vaters, von dem sich der Junge geprägt fühlte, mit Angst verknüpft. Und immer dann, wenn sein Vater etwas lauter wird, kommt dasselbe Gefühl wieder hoch. Es kommt hoch, wenn Vater lauter wird und wenn Vater und Mutter streiten. Sogar in der Schule kommt dasselbe Gefühl auf, wenn der Lehrer etwas lauter und bestimmender wird; ein Gefühl, als würde es einem den Magen umdrehen; ein Gefühl, als würde es einem den Hals zuschnüren. Ein schlechtes, übles Gefühl, das immer nur dann aufkommt, wenn der kleine Junge mit einer lauten männlichen Stimme konfrontiert wird. Und auf einmal kommt dasselbe Gefühl auch dann hoch, wenn der kleine Junge vor der ganzen Klasse vorlesen muss und am liebsten davonlaufen möchte, um diesem Gefühl entkommen zu können. So kommt dasselbe Gefühl auch dann hoch, wenn er mit 20 Jahren ein Vorstellungsgespräch bei einem dominanten Personalchef hat; und irgendwann wird er feststellen, dass er grundsätzlich ein zu geringes Selbstbewusstsein hat. Denn sein Vorgesetzter löst tagsüber bei ihm das Gefühl aus, das er nach Feierabend mit nach Hause nimmt und mit dem er seine Freundin beeinflusst, was dahin führt, dass diese die Beziehung beendet. Und schon können wir feststellen, dass ihn diese Prägung auch noch Jahrzehnte später verfolgt.

Oder ein anderer Fall: Ein kleines Mädchen war eingeschlafen, und als es erwachte, waren die Eltern weg. Sie waren einfach nur ausgegangen, vielleicht nur für eine Stunde, aber das Kind fühlte sich hilflos und allein gelassen, als wären sie für immer fort. Am liebsten wollte es aus dem Haus rennen, um Mama und Papa zu suchen. Sein Unterbewusstsein registrierte, dass es sich gefangen und verlassen zugleich fühlt. Also braucht es zukünftig – als Erwachsene – eine Art Notausgang –, egal, wo es sich aufhält; egal, wer bei ihm ist. In Räumen ohne Fenster gerät sie in Panik, wenn sich die Tür vielleicht nicht schnell genug öffnen lässt. Als Erwachsene leidet sie unter Klaustrophobie. Sie hat Angst vor engen Räumen und Situationen, hat generell Angst vor geschlossenen Situationen. Psychotherapie konnte ihr nicht helfen, über diese Angst hinwegzukommen. Jede Art von bewusstem Gespräch ermöglicht zwar, dass sie verstanden wird, die Angst jedoch will einfach nicht verschwinden. Mittels Hypnosetherapie würden wir nun versuchen, diese Prägungen, die damals in der Kindheit stattfanden und die eigentlich sehr harmlos zu sein scheinen, aufzulösen.

Viele Prägungen aus dem Kindesalter wirken unscheinbar, waren für die Kinder damals allerdings gravierend. Kinder haben noch keinen stark genug ausgebildeten Schutzmechanismus. Sie haben noch ein schutzloses Unterbewusstsein, das sich kaum gegen fremde Einflüsse wehren kann. In der Kindheit entstandene Prägungen verknüpfen Informationen falsch miteinander. Alleine in einem Raum zu sein, löst später immer noch Angst aus. Wir reden von falschen Verknüpfungen im Unterbewusstsein. Gelingt es uns nun, mittels Hypnose zu diesen Prägungen zurückzugelangen, so können wir diese und das dabei entstandene schlechte Gefühl für das Unterbewusstsein verändern, sodass diese unbewussten Erinnerungen die Gegenwart nicht mehr beeinflussen können.

Mittels Hypnose haben wir Zugang zu allen unterbewussten Inhalten. Unser Unterbewusstsein speichert Wahrnehmungen. Sind sie erst einmal gespeichert, so können wir sie auch wieder abrufen. Hierfür müssen wir uns aber einfach geistig entspannen und den Fokus auf diesen Inhalt lenken. Wir müssen uns in die Hypnose begeben. Wir können also erkennen, dass wir immer und überall Prägungen ausgesetzt sein können. Wie stark diese Prägungen unser Unterbewusstsein beeinträchtigen, hängt nicht nur vom Zeitpunkt ab, sondern auch davon, wie resistent die jeweiligen Betroffenen sind.

Jeder Mensch von uns ist ein Unikat. Jeder Mensch hat eigene Stärken und Schwächen. So kann es auch Menschen geben, die jahrelang missbraucht oder misshandelt wurden und dennoch sehr resilient waren, sodass sie sich von der damals entstandenen Prägung nicht mehr zu stark beeinflussen lassen. Es gibt aber auch Menschen, die der Prägung schutzlos ausgesetzt waren und sich trotz aller Bemühungen nicht schützen konnten.

Prägungen beeinflussen unser Unterbewusstsein. So entstehen unterbewusste Gedanken und Prozesse, die bei uns Gefühle auslösen können. Die Gefühle wiederum lösen bei uns ein bestimmtes Verhalten aus. Wissen wir uns zu schützen, so können wir der Prägung entgegenwirken. Sollte sich die Prägung bereits auf unser Unterbewusstsein ausgewirkt haben, so können wir mittels Hypnose diese Prägungen neu bewerten. Wir reden von der sogenannten Hypnoanalyse.[2] Hierfür brauchen wir nur mit dem Unterbewusstsein zu sprechen. Kommunikation mit dem Unterbewusstsein – das ist Hypnose.

2 Hypnoanalyse ist eine Art Rückblicksanalyse, in der ein Klient in Trance alte emotionale Blockaden aufspüren, mit Hilfe positiver Ressourcen noch einmal durchleben und sich anschließend von der damit verbundenen, negativen Energie befreien darf.

Fallbeispiele

Das Betäuben der Angst

In scheinbar ausweglosen Situationen neigen Menschen dazu, sich zu betäuben. So scheint alles vermeintlich leichter. Und jeder weiß, das ist ein Trugschluss. Lediglich für eine kurze Phase scheinen sich die Ängste aufzulösen. Spätestens am Morgen danach fallen sie mehr als zuvor ins Gewicht. Eine der gefährlichsten Drogen zum Betäuben von Sorgen ist Alkohol. In Gesellschaft genießen wir ihn, doch die Tendenz, dem Alkohol zu verfallen, bleibt bei vielen Menschen nach außen verborgen.

Alkohol ändert keine Situation, sondern er trübt lediglich die Wahrnehmung. Er gibt das Gefühl von Kontrolle, ist aber eben nur vermeintliche Kontrolle.

Als Therapeut erlebe ich immer wieder Klienten, die vom Alkohol loskommen wollen. So auch ein Klient, der zu mir kam, weil er bereits seit über fünfundvierzig Jahren Alkoholiker war und aus diesem Teufelskreis der Selbstzerstörung ausbrechen wollte. Er war deswegen schon bei vielen Therapeuten gewesen. Zuletzt hatte ihm selbst der Hausarzt empfohlen, es mit Hypnose zu versuchen. Hinzu kam, dass ihn seine Frau wegen seines Alkoholproblems verlassen hatte und er zunehmend vereinsamte. Ärztliche und medikamentöse Maßnahmen hatten ihm nicht geholfen. Er hatte eine meiner Veranstaltungen besucht, auf der ich Menschen vor Publikum gecoacht habe. Sein Wille zur Veränderung war so groß, dass er mich um Hilfe bat. Nun saß er vor mir und erzählte mir von der Sucht, die sein Leben zerstörte und ihm seine Liebsten nahm.

Ich hörte ihm genau zu und sah die Ängste in seinen Augen. Ich sah seine Vergangenheit in seinem Geist. Für mich war alles klar verständlich. In meinem Kopf setzte sich Teil für Teil zusammen, bis ein großes Ganzes entstand, das ich vollkommen verstand. Ich verstand alles. Ich verstand jede einzelne seiner Handlungen. Jeder weitere Schritt war für mich logisch vorhersehbar.

Ich folgerte aus seinen Gedankengängen und Erzählungen ein tiefes Geheimnis, das nur ihm gehörte und das mit Gewalt zusammenhängen musste. Und er bejahte meine Frage danach.

»Du wurdest als Junge geschlagen.«

»Ja.«

»Von deinem Vater.«

»Ja.«

Er sah zu Boden.

Der Blick nach unten als ausweichender Blick für den inneren Halt. Wenn wir traurig sind, schauen wir gerne auf den Boden. Wir suchen Halt. Und müssen uns innerlich von unten nach oben hin orientieren.

»Er hat dich täglich geschlagen?«

»Nein, nur wenn meine Mutter nicht zu Hause war. Aber woher wusstest du das?«

»Als du dich auf meinen Sessel setzen solltest, warst du sehr zaghaft. Und als du dann darauf saßt, hast du die Armlehne gestreichelt. Der Sessel ist übrigens aus Kunstleder und nicht aus richtigem Leder. Mach dir deswegen keine Sorgen. Du bist hier in Sicherheit. Triggert dich der Gedanke, dass der Stuhl aus Leder sein könnte?«

»Er hat mich nur mit dem Ledergurt geschlagen.«

Er hob seine Brille an und wischte sich eine Träne ab.

»Deine Mutter kann das nicht *nicht* bemerkt haben. Wollte sie es nicht sehen, oder durfte sie es nicht sehen?«

»Beides.«

»Okay. Entspanne dich. Niemand kann dir etwas antun. Du bist in Sicherheit. Möchtest du dich lieber auf einen anderen Sessel setzen?«

»Nein, es geht schon.«

»Ich möchte, dass du jetzt deine Augen schließt und dir vorstellst, du wärst an einem Ort, an dem du dich ganz sicher und wohl fühlst.«

Er tat es. Seine Augen flatterten. Sie rollten hin und her. Für mich war klar, dass er schon in einem hypnoidalen Stadium war. Also in einer Art leichter Trance. Allein die Tatsache, dass er sein Trauma aussprechen konnte, war für ihn ein entscheidender Schritt.

Die Sitzung dauerte eineinhalb Stunden.

Ich erarbeitete mit ihm seine inneren Stärken. Seine Ressourcen. Er lernte, mit seinem Unterbewusstsein auf so tiefer Ebene zu kommunizieren und auf eigener Willensbasis den Prozess der Vergebung mit seinem Vater anzustreben. Er ließ dieses Kapitel geistig hinter sich und war nun mitten im Prozess, es abzulegen und große Teile davon endlich loszulassen.

Der Mann verließ meine Praxis und war von diesem Tage an abstinent.

Seine Frau kam zu ihm zurück, und ich erhielt von ihr später noch ein Dankschreiben. Er war damals bereits seit über fünf Jahren pensioniert gewesen. Und seit über fünfundvierzig Jahren Alkoholiker. Sein Wille, sein Glaube, die Kraft seines Unterbewussten haben ihn geheilt.

Er ist übrigens immer noch nüchtern. Ich bekomme von ihm beinahe regelmäßig Post.

Diese Sitzung war auch für mich ein bereicherndes Erlebnis. Ich habe bereits viele Alkoholiker therapiert. Doch diese eine Sitzung war für mich in ihrer Vollkommenheit faszinierend. Weil sie zeigte, wozu der Mensch in der Lage ist. Dass er eine Sucht, die über fünfundvierzig Jahre seines Lebens beschlagnahmte, einfach so auflösen konnte. Dass er mit der Hilfe und der Kraft seines Unterbewusstseins seiner Sucht entkommen konnte. Die Beziehung zu seiner Frau blühte wieder auf, und auch seine Kinder und Enkelkinder waren stolz auf ihn. Eine wahre Meisterleistung dieses Mannes, vor dessen Willenskraft ich hohen Respekt habe. Denn das, was ihn zum Trinken gebracht hatte, war eine ungezähmte Angst aus seiner Kindheit, die sich jahrzehntelang ihren Raum in seinem Leben erobert hatte und nun für immer besiegt war.

Letztes Gespräch mit Mama

Nach einem Fernsehauftritt meldete sich eine Dame von etwa Mitte vierzig bei mir. Sie sprach von Ängsten, die sie verfolgten und die sie am Einschlafen hinderten. Sie war verzweifelt. Ihr fehlte jegliche Energie. Sie hatte depressive Verstimmungen und war in psychologischer Behandlung. Doch obschon sich der Psychologe seit mehr als drei Jahren um sie kümmerte und versuchte, ihr zu helfen, kam sie nicht voran. Der Psychologe befürwortete, dass sie zur Hypnosetherapie ging.

Sie sagte: »Für drei bis vier Tage ließen die Ängste mal nach, und ich konnte etwas besser schlafen. Dennoch fühlte ich mich nicht wirklich energiegeladener. In der Woche darauf kamen all die Ängste wieder in mir hoch. Vor allem anderen fürchtete ich, dass die Ängste in der Nacht wieder zunehmen könnten.«

»Was sind das denn für Ängste? Kannst du sie beschreiben oder in Bilder fassen?«

»Nein, das ist das Eigenartige. Ich kann dir gar nicht genau beschreiben, wovor ich Angst habe.«

»Könnte es etwas mit der Dunkelheit zu tun haben?«

»Kann sein. Ich schlafe immer mit Licht. Dennoch liege ich meist mehrere Stunden wach. Oft kann ich kein Auge zutun. Manchmal schlafe ich erst bei Anbrechen der Morgendämmerung ein. Ich schlafe ein paar Stunden, sobald ich von der Arbeit nach Hause komme. Sobald es draußen aber dunkel wird, wache ich von selbst wieder auf.«

Die Dame mit dunklem Haar, leicht südländischem

Flair, kaffeebrauner Haut, aber reinstem Schweizerdeutsch fixierte stets einen Punkt im Raum, während sie sprach. So, als würde sie ins Leere schauen. Aber eigentlich schaute sie gar nicht ins Leere. Sie hielt sich mit ihrem Blick an einem Gegenstand fest. So, als würde sie sich nach Sicherheit sehnen.

Ich bemerkte es und fragte sie: »Vertraust du mir?«

»Ja.«

»Aber anderen Männern vertraust du nicht.«

»Woher weißt du das?«

»Weil du mir nie in die Augen sehen kannst. Es kann sein, dass dein Unterbewusstsein weiß, dass ich ein Mann bin. Deshalb aktiviert sich womöglich völlig automatisch dein Schutzmechanismus. Und der erinnert dich daran, der Gefahr nicht ins Auge zu sehen. Wenn ein wildes Tier vor dir steht, schaust du diesem auch nicht in die Augen. Weil das Tier auf diese Weise provoziert wird. Aufgrund deiner negativen Erfahrungen weiß dein Unterbewusstsein, dass du mir, weil ich ein Mann bin, lieber nicht in die Augen schauen solltest. Das ist evolutionsbedingt. Zugleich fällt man gewissermaßen in eine Art Schockstarre. Man versucht, sich möglichst wenig zu bewegen. Das tust du auch. Du fokussierst mit deinem Blick irgendetwas da vor uns, findest damit deinen visuellen Halt und versuchst, dich möglichst nicht zu bewegen. Folglich muss dein Unterbewusstsein etwas sehr Negatives mit Männern erlebt haben. Sag mir, geht es um eine Verletzung, die ab und an hochkommt?«

Beide hielten wir inne. Ein Moment der Stille.

Ihre rechte Hand näherte sich ihrer Nase. Zuerst dachte ich, dass ich sie zum Nachdenken angeregt habe. Dann erst – viel zu spät – erkannte ich die Träne, die ihre linke Wange hinablief.

»Celine, du darfst es mir erzählen.«

»Danke.«

Ihre Stimme wurde höher und ruhiger. Es schien mir, als wollte sie nicht darüber reden.

Ich fragte erneut: »Möchtest du mit mir über jemanden sprechen, von dem du verletzt wurdest?«

Sie schluchzte, holte tief Luft und entspannte sich zugleich.

Ich blieb ruhig. Ich zeigte ihr, dass ich sie als Ganzes wahrnahm, dass ich ihr Wesen sah.

»Celine, ich sehe dich.«

Sie wurde ganz ruhig, als sie versuchte sich erneut auszudrücken: »Niemand. Wirklich niemand weiß davon. Nicht einmal meine beste Freundin.«

»Deine Familie auch nicht?«

»Niemand. Es ist mein größtes Geheimnis. Aber ich darf es nicht sagen. Ich will nicht darüber reden. Ich darf nicht.«

Ich ließ ihr die Zeit, die sie dafür brauchte, über ihre eigenen Worte nachzudenken. Dann versuchte ich, mit ihrem Unterbewusstsein zu reden: »Weshalb darfst du nicht darüber reden? Wurde dir gedroht?«

Sie antwortete in Sekundenschnelle: »Ich weiß es nicht. Ich will einfach nicht darüber reden. Ich habe schon zu viel gesagt.«

»Okay, du sollst nur das erzählen, was du erzählen willst.

Aber zuvor möchte ich dir noch etwas sagen. Unser Unterbewusstsein ist ein hochkomplexes System. Es kann alles speichern. Selbst wenn wir etwas vergessen, bedeutet das nicht, dass der Gedanke verloren gegangen sein muss. Es bedeutet lediglich, dass man zu diesem Zeitpunkt gerade keinen Zugang zu diesem Gedanken hat oder man keinen haben will. Das heißt also, dass alle unsere Wahrnehmungen in unserem Unterbewusstsein gespeichert werden. Und unser Unterbewusstsein kann nie gefüllt werden. Das ist vergleichbar mit einer unendlich großen Festplatte. Und, Celine – es gibt Informationen, die in unseren Geist gelangen, für die wir selbst absolut nichts können. Es gibt Menschen, die keinerlei Empathie empfinden – und die einem wehtun. Und es gibt Einflüsse, Wahrnehmungen, Gedanken, basierend auf Erfahrungen, die derart negativ sind, dass sie unser Gehirn nicht nur wegschieben will, sondern sogar vergisst. Denn wenn du etwas verdrängst, dann weißt du, dass es da ist und dass du jederzeit darauf zurückgreifen könntest. Das willst du dann aber vielleicht nicht. Ist etwas aber dermaßen intensiv, dass unser Gehirn es nicht verarbeiten kann, dann wird es meist auch nicht verarbeitet, und wenn doch, dann nur mühsam. Es ist eine Abwehrreaktion unseres Geistes, eine schlimme Erfahrung einfach zu vergessen. Und in diesem Fall kannst du auch nichts dafür. Aber, Celine – ich will dich unterstützen, wenn du das magst. Und ich will dir helfen, dort, wo ich helfen kann. Ich weiß, wie du denkst, und ich kann verstehen, wie dein Unterbewusstsein arbeitet. Es gibt eine Vorgehensweise, die könnte dir gefallen. Mittels Hypnose hast du wieder den völligen Zugang zu deinem Unterbewusstsein. Wir könnten herausfinden, was genau dich verletzt haben könnte Du musst dann nur das sagen, was du willst. Du kannst unter Hypnose mit mir sprechen und mir erzählen, was du möchtest. Du hast immer die volle Kontrolle. Wenn du etwas nicht sagen möchtest, dann behältst du es einfach für dich. Möchtest du das tun?«

»Ja, denn ich will, dass diese Angst aufhört. Am liebsten möchte ich sie einfach mit einem Schalter ausschalten, damit das alles aufhört.«

»Wir können gemeinsam anstreben, diesen Schalter umzulegen. Du musst mir nur vertrauen können.«

»Ich vertraue dir.«

Sie erwähnte von sich aus einen Schalter. Und in der Tat gibt es eine Vorgehensweise, bei der man einen Schalter im Gehirn visualisiert und mit diesem die Angst einfach deaktiviert.[3]

Ich nahm mir in diesem Moment vor, vorerst analytisch mit ihr zu arbeiten, um herauszufinden, was genau vorgefallen war, damit wir das Geschehene gezielt in einem weiteren Schritt mit ihren positiven Ressourcen verbinden und auflösen könnten. Vielleicht müssten wir dafür weit zurück in die Vergangenheit. Dort ließe sich herausfinden, welches negative Gefühl mit ihren aktuellen Gedanken gekoppelt war. Ich wollte sie entscheiden lassen, wie tief in die Vergangenheit sie gehen wollte, um herauszufinden, welche negative Prägung sich in ihr im Laufe der Zeit

3 Siehe auch Kapitel »Der Schalter« Seite 180

derart verstärkt hatte. Dafür versetzte ich sie sanft in eine Trance.

Sie war in Hypnose, und ich ging mit ihr zurück an einen Zeitpunkt, zu dem diese negative Prägung das erste Mal auftrat.

Sie war in Chile aufgewachsen. Sie berichtete mir unter Hypnose, dass sie bei sich zu Hause mit ihrer Freundin spielte. Es gab nicht viel Spielzeug. Aber sie hatte eine Stoffpuppe.

Ich beobachtete sie und ihre geschlossenen Augen ganz genau. Sie rollten sehr schnell hin und her. Sie atmete schneller, und mir war klar, dass gerade ein unterbewusster Prozess im Gange war.

»Celine, was geschieht gerade?«

»Mama geht arbeiten!«

Ihre Stimme wurde hoch und klang kindlich. Mir war klar, sie erlebte das bereits Erlebte erneut.

»Was geschieht jetzt?«

»Mama bringt mich zu Raphaelo. Ich will nicht hingehen.«

»Weshalb nicht?«

»Darf ich nicht sagen.«

»Celine, ich bin es, Gabriel. Du darfst mir alles sagen.«

»Nein, ich darf es niemandem sagen.«

»Weshalb nicht, Celine? Sagt Raphaelo, dass er dir sonst wehtut?«

»Ich darf nichts sagen.«

»Okay, Celine. Du musst mir nichts sagen. Und ich versuche herauszufinden, was es ist, und du antwortest nur mit Ja und Nein. Du musst nichts sagen außer Ja und Nein. Einverstanden?«

»Ja.«

Ihre Stimme war sehr sanft und ruhig. Und sie atmete auch wieder ruhiger und langsamer.

Ich fuhr fort: »Celine, hat Raphaelo gesagt, dass er etwas tut, wenn du jemandem verrätst, was los war?«

»Nein.«

»Hat er gesagt, dass er jemand anderem etwas antut, wenn du verrätst, was er mit dir macht?« »Ja.«

»Hat er gedroht, jemandem wehzutun, den du magst, wenn du jemandem davon erzählst?«

»Ja.«

«Deiner Mama?«

»Ja.«

Ihre Stimme wurde höher, und sie wimmerte etwas. Tränen rannen an ihrer Wange herab.

»Celine, du musst keine Angst haben. Deine Mutter ist in Sicherheit.«

Ich wusste bereits aus dem Vorgespräch, dass ihre Mutter vor drei Jahren verstorben war. »Celine, sag mir, ist Raphaelo deiner Familie nahe?«

»Nein.«

»Aber wohnte er in eurem Haus?«

»Nein.«

»War er ein Nachbar in eurem chilenischen Dorf?«

»Ja.«

»Celine, du machst das wunderbar. Ich habe noch eine Frage. Die ist nicht schlimm. Hat Raphaelo dich verletzt?«

»Ja.«

»Körperlich?«

»Ja.«

»Hat er sonst noch etwas Verletzendes gemacht?«

»Ja.«

»Trägt er Kleidung, wenn er dir wehtut?«

»Nein.«

Nach wenigen Minuten fand ich so heraus, dass ihr Nachbar Raphaelo sie nicht nur geschlagen, sondern auch sexuell missbraucht haben muss. Sie war damals fünf Jahre alt, und er sperrte das Mädchen immer in seinem Keller ein. Der Keller hatte keine Fenster. Es war dunkel. Eine furchtbare Geschichte.

Leider eine Geschichte, wie ich sie in der Therapie viel zu oft höre. Mehr und mehr wird mir gezeigt, wie grausam der Mensch sein kann. So grausam wie kaum ein Tier auf unserem Planeten. Doch nun war es draußen: Raphaelo, ihr Nachbar, hatte Celine als kleines Mädchen über Jahre hinweg fast täglich missbraucht und geschlagen. Bis die Familie Chile verließ und in die Schweiz auswanderte.

Da ich bereits ein kleines bisschen analytisch mit ihr gearbeitet hatte, versuchte ich nun abschließend, ihre mir im Vorgespräch geschilderte Vorstellung von einem Schalter mit einzubeziehen. Dafür suggerierte ich ihr, dass in ihrem Kopf ein Schalter sei, der zuständig für ihre Ängste im Dunkeln ist. Und dass sie, wenn sie den Schalter umkippe, nicht nur alle ihre schlechten Gefühle und Gedanken deaktiviere, sondern sie zugleich in der Gegenwart bleibe und die Vergangenheit abgeschlossen sein dürfe und sie diese hinter sich lassen könne.

Als wir uns auf die Suche nach dem Schalter machten, war Celine wieder in der Gegenwart. Wir hatten ihre Kindheit verlassen und waren wieder hier angekommen, wo sie in Sicherheit war. Hier, wo ihr niemand etwas antun konnte.

Aufgrund der erhöhten Gehirnaktivität in Hypnose sind Kreativität und Vorstellungsvermögen eines Menschen deutlich erhöht. Celine beschrieb mir den Schalter in ihrem Kopf ganz genau. Aber auch, dass sie den Schalter nicht ausschalten könne.

Ich fragte sie: »Was brauchst du, damit du diesen Schalter ausschalten kannst?«

»Mama. Mama kann mir helfen. Sie ist hier bei mir.«

»Mama ist doch schon vor drei Jahren gestorben?«

»Ja, aber sie steht wieder neben mir.«

Tränen flossen ihre Wangen hinab. Es waren Tränen der Freude. Ich erkannte es daran, dass sie lächelte. Sie konnte es kaum fassen, ihrer Mutter nach drei Jahren erneut zu begegnen.

»Was würde denn deine Mutter zu dir sagen? Was geschieht gerade?«

»Sie sagt mir: Störende Emotionen stören nicht nur unseren eigenen Gemütszustand, sie stören auch den Geist anderer.«

Diese Weisheit kam so fließend, als hätte Celine sie einst auswendig gelernt. Ich wusste nicht, woher sie stammte.

Celines Stimme hatte sich verändert beim Reden, war harmonischer und wieder höher geworden, so, als wäre es nicht ihre eigene, sondern als wäre es die Stimme der Mutter.

In diesem Moment bekam selbst ich eine Gänsehaut und war extrem glücklich, weil ich wusste, wie nachhaltig es ihr nach dieser Sitzung besser gehen würde.

»Kannst du jetzt den Schalter umlegen, Celine?«

»Ja, es geht.«

Sie flüsterte sanft, langsam und so leise, dass sich ihre Lippen kaum bewegten: »Mama, ich spüre dich.«

Auf einmal atmete sie tief ein. So tief wie wahrscheinlich noch nie zuvor in ihrem Leben. So, als würde tatsächlich jemand in ihren Kopf hineingreifen und ihr helfen, den Schalter umzulegen.

Reflexartig wich ich zurück, weil ich etwas erschrocken war.

Sie hielt ihren Atem an, beugte ihren Oberkörper nach vorn, machte dabei ein Hohlkreuz, und immer noch stand ihr Atem still. Auf einmal löste sich die gesamte Spannung. Sie fiel in den Sessel und entspannte sich so sehr wie wahrscheinlich noch nie zuvor. Ihr Kopf senkte sich, sie atmete wieder, und ihr Atem wurde ganz ruhig, geschmeidig und tief.

Ich ließ den Moment der Stille zu. Sie selbst wirkte sehr erschöpft.

Ich fragte sanft: »Celine, hast du jetzt den Schalter umlegen können?«

Sie nickte ganz leicht. Und nur kurz.

»Gibt es noch irgendetwas, was du deiner Mutter geben oder sagen möchtest?«

Sie klang ruhig und gelassen. »Mama, ich liebe dich.«

Erneut spürte ich Gänsehaut, weil ich fühlte, wie emotional dieser ganze Prozess war. Dass man gar nichts anderes sagen kann als das Essenziellste aller Worte und Gefühle, wenn in Hypnose auf einmal die verstorbene Mutter vor einem steht: Ich liebe dich.

»Celine, gibt es etwas, was deine Mutter dir geben oder sagen will?«

»Ja.«

Sie atmete ein und aus. Und sagte vorerst nichts. Dann öffnete sie erneut ihren Mund und flüsterte wieder in einer höheren Stimmlage, mit einer völlig anderen Stimmharmonie, Melodie und Intonation: »Celine, ich habe meine letzten Worte nicht böse gemeint. Ich fand es schön, dass du neben mir warst. Es bedeutete alles für mich. Und ich werde dich stets beschützen und nach dir schauen.«

Celine presste kurz darauf ihre Lippen und ihre Augen stark zusammen. Sie runzelte die Stirn, als müsste sie ihre Tränen zurückhalten. Und mir wurde klar, dass sie in der Tat weinen musste. Auf einmal löste sich alles, und die Tränen flossen. Sie atmete schnell und zeigte Gefühle der Erleichterung. Ihr Atem wurde immer ruhiger, und die gesamte Gesichtsmuskulatur entspannte sich nach und nach.

Ich ließ ihr die Zeit, die sie brauchte, um sich körperlich und geistig zu entspannen.

Ich holte sie langsam und geschmeidig zurück ins Hier und Jetzt. Sie öffnete ihre Augen, die wieder feucht wurden. Die Tränen standen so hoch in den Augen, dass sie beinahe die Wange herunterliefen.

Ich fragte sie: »Celine, bist du gelöster?«

Sie antwortete: »Ich weiß gar nicht, wie ich dir danken kann.«

Kaum hatte sie ausgesprochen, liefen ihr die Tränen die Wange hinab.

Ich fragte sie: »Die Weisheit, die deine Mutter dir mitteilte – kanntest du die Worte?«

Celine schaute an die Decke, so, als würde sie zu ihrer Mutter hochschauen. Dann sah sie mich an und sagte gelassen: »Meine Mutter mochte buddhistische Weisheiten. Aber dieses Sprichwort habe ich mir weder jemals gemerkt, noch wusste ich, dass es überhaupt existiert.«

Ich überkreuzte meine Beine, lehnte mich auf meinem Sessel zurück und antwortete: »Das – liebe Celine – verwundert mich nicht. Ich bin froh, dass du dies lösen konntest und dass es dir jetzt besser geht. Ich fühle es. Ich sehe es dir an. Und ich freue mich darüber.«

In der Hypnosetherapie ist immer noch nicht ganz klar, wie weit man mit der Hypnose effektiv gehen kann. Meine Meinung ist die, dass die mittels Hypnose entstandenen Bilder einen unterbewussten Prozess antreiben und das Unterbewusstsein im Rahmen dieses Lernprozesses Inhalte neu ordnen, verknüpfen oder gar auflösen kann.

Ein steiniger Weg

Eine Klientin kam völlig aufgelöst zu mir. Sie war zuvor in drei anderen psychotherapeutischen Behandlungen gewesen. Die drei psychotherapeutischen Fachkräfte hatten ihr unterschiedliche Diagnosen gestellt.

Schon als die junge Dame zur Tür hereinkam, machte sie einen völlig aufgelösten und verwirrten Eindruck. Sie erzählte mir von Ängsten, wegen derer sie ursprünglich zu einem Psychiater gegangen war. Dieser hatte eine depressive Verstimmung diagnostiziert. Nach der zweiten Behandlung wollte er sie noch in eine andere Therapie schicken. Dorthin ging sie dann auch, aber ihre Ängste nahmen zu. Medikamente wurden ihr verschrieben, die sie dann irgendwann kurzerhand absetzte.

Es war kein Wunder, dass in ihr das völlige Chaos herrschte.

Sie erzählte mir, dass sie die Medikamente unter psychiatrischer Hilfe ausschleichen ließ und nun schon seit einigen Wochen keine Medikamente mehr nahm, wodurch sie wieder klarer denken konnte. Trotzdem lief ihr der kleinste Gedanke aus dem Ruder, und sie hatte skurrile Ängste, die sie nun versuchte, mit Psychotherapie in den Griff zu bekommen. Sie hatte Angst davor, ihr Haus zu verlassen, hatte Angst, die Straße entlangzugehen. Sie sagte, sie wolle nicht viel reden, sondern möglichst viel in Hypnose arbeiten.

Ich setzte mich mit meinem Stuhl direkt vor sie hin und hielt ihr einen Kugelschreiber vor die Augen. Ganz langsam und sanft fuhr ich mit dem Kugelschreiber vor ihrem Gesicht hin und her. Ganz langsam und entspannend.

Dazu sagte ich: »Entspanne dich einfach. Mit jeder einzelnen Bewegung des Kugelschreibers entspannen sich deine Augen mehr und mehr. Bis du auf einmal in einen wunderschönen Zustand vollkommener, körperlicher und geistiger Entspannung fällst. Und immer mehr und mehr entspannst du dich. Und schlafe.«

Schon hatte ich meine Klientin in einem wunderbaren Zustand der Hypnose.

Ich arbeitete mit ihr analytisch und zugleich posthypnotisch, das heißt, dass wir einerseits versuchten, die Gründe für ihre bestehenden Ängste zu verarbeiten, und andererseits, diesen Ängsten suggestiv entgegenzuwirken. Das heißt, wir arbeiteten mit Prägungen aus der Vergangenheit und bauten ihre Stärken und Ressourcen auf. Zugleich vermittelte ich ihr immer wieder positive Gefühle, um so das Unterbewusstsein in einen neuen Lernprozess zu schicken.

Nach dieser einen Sitzung war meine Klientin scheinbar erlöst von ihren Ängsten.

Einige Wochen später erhielt ich von ihr eine berührende, von Hand geschriebene Karte. Die Schrift war sehr schön. Meine Klientin wirkte glücklich und zufrieden. Ihre Ängste seien spurlos verschwunden, schrieb sie mir, und dass sie wieder ruhig schlafen und deutlich klarer denken konnte, ohne dass ihre Gedanken wieder in Richtung Angst aus dem Ruder liefen.

Ich freute mich vor allem deshalb, weil ich ihr nach ihrem Weg von Psychologe zu Psychiater hatte helfen können. Damit will ich nicht sagen, dass meine Arbeit tiefer sei als die der Psychologen oder Psychiater – im Gegenteil. Ich respektiere jeden Psychologen und Psychiater und weiß deren Leistung und Ambition zu schätzen, geistig erkrankten Menschen zu helfen. Erstaunlich ist die Tatsache, wie relativ alles ist. Noch bis vor rund vierzig Jahren wendete man offiziell fürchterliche Methoden wie die der Lobotomie an. Dabei wurde mechanisch in Hirngewebe eingegriffen, um den Menschen mit psychischen Störungsbildern helfen zu können. Heute wendet man immer noch Elektroschocktherapie an, allerdings zusammen mit muskellähmenden Medikamenten, damit es nicht zu ernsthaften Verletzungen kommt bei einer Verkrampfung durch den erheblichen Stromstoß. Was ist nun richtig?

Diese Frage wird wohl kaum jemand beantworten können.

Kommt man mit nur einer Disziplin, wie beispielsweise der medikamentösen, nicht mehr weiter, muss man offen für andere Disziplinen sein, ohne dabei die Schulmedizin zu vernachlässigen. Das Zauberwort lautet Interdisziplinarität und bedeutet zwischen mehreren Disziplinen stehend.

Heikel finde ich eine zu rasche, ärztliche Formulierung psychischer Krankheitsbilder.

Zu viele Menschen glauben, Ruhe und Gewissheit darin finden zu können, dass man ihnen für ihre Ängste und Sorgen eine psychiatrische Diagnose in die Hand gibt.

Von diesem Zeitpunkt an reden sie sich selbst ein, sie seien krank, und den Beweis dafür halten sie in der Hand. Demnach wäre der größte Teil unserer Weltbevölkerung psychisch krank. Nein, wir *alle* wären psychisch krank. Alle.

Jeder kennt Stimmungsschwankungen. Jeder kennt Antriebslosigkeit. Jeder hat irgendwo eine sogenannte Neurose: eine leichtgradige psychische Störung. Die einen haben Macken, die man als Zwangsstörungen deuten könnte. Andere haben gewisse Phobien und Ängste, die als Angststörungen gedeutet werden könnten. Jeder von uns hat doch »leicht einen an der Waffel«.

Natürlich schließe ich hierbei nicht aus, dass es Hirnerkrankungen gibt. Dennoch zweifle ich bewusst und ganz deutlich an der Legitimität von vielen psychiatrischen Diagnosebildern.

Dennoch bezweifle ich stark die Legitimität vieler psychiatrischer Diagnosebilder, die im Verlauf eines kurzen Gespräches erstellt werden.

Hierbei spreche ich nicht von über Jahre bestehenden, tief sitzenden Störungen – sondern von Diagnosen, die Menschen daran hindern, auf ihre Stärken, ihre Zuversicht und ihre Hoffnung zurückzugreifen. Menschen, welche viele autogene Fähigkeiten und Energien in sich tragen, denen aber durch die Diagnose ein Strich durch die Rechnung gemacht wird. Weil diese Diagnose – je nachdem, wie sie konkret kommuniziert wird – entmutigt und den Anschein erweckt, als hätte eine Erkrankung des Gehirns die Vorherrschaft ergriffen.

Suggestion und Autosuggestion

Negative Suggestionen

Ich hatte bereits Hunderte Klienten und habe sehr schnell erkannt, dass bei vielen Menschen negative Gefühle aufkommen, sobald diese in Streitereien verwickelt sind. Die größte Angst dieser Menschen ist, dass man schlecht über sie sprechen könnte. Sie haben Angst um ihren Ruf bei ihren Mitmenschen und befürchten, viele Menschen um sich herum deshalb zu verlieren oder von anderen Menschen falsch wahrgenommen zu werden.

Oftmals befürchten diese Menschen, dass der Mensch, der mit ihnen streitet, schlecht über sie sprechen werde und dadurch viele andere Leute ein falsches und zu negatives Bild von ihrer Person bekommen könnten. Doch letzten Endes sollte zählen, dass wir keinen zu unseren Freunden zählen sollten, der sich nur wegen schlechten Geredes von jemandem distanziert, ohne sich beide Seiten anzuhören. Nicht selten enden Beziehungen in einem Desaster aus Gütertrennung, Rausschmiss aus der Wohnung und Sorgerechtsstreit um die Kinder. Es kommt zum Eklat, und man sagt sich Dinge wie: »Du wirst sehen, du wirst nie den richtigen Partner finden« oder »Wenn du dich weiter so anstellst, wird nie etwas aus dir!«, oder es fallen Formulierungen wie »Du wirst sowieso bald auch deinen Job verlieren!«.

All diese Formulierungen sind Suggestionen. Sie sind daher sehr hinterhältig, denn wenn wir uns nicht zu wehren wissen, können sie zur Realität werden.

Jede und jeder von uns besitzt ein Bewusstsein, das solche Suggestionen rational zu betrachten versucht. Es versucht, solche Suggestionen nicht zuzulassen; und doch wird die oder der Betroffene jeden einzelnen Misserfolg auf den Satz seiner Ex-Partnerin oder ihres Ex-Partners zurückführen und unterbewusst feststellen, dass sie oder er in der Tat recht hatte. Solche Suggestionen sind sehr gemein und heimtückisch, und zwar aus dem Grund, dass wir sie im ersten Moment oft belächeln, aber dann in einem zweiten, späteren Moment feststellen, dass scheinbar wirklich alles schiefgeht, oder dass wir nach dem fünften Date feststellen, dass wir tatsächlich unseren Partner fürs Leben nicht finden können, und beginnen, uns selbst zu hinterfragen. Wir hinterfragen unser Wesen. Wir hinterfragen unsere Art, und wir wenden sehr viel Zeit dafür auf, wertvolle Energie mit unnützen Gedanken zu verschwenden, für die einzig und allein eine negative Suggestion verantwortlich ist. Menschen, die – egal, unter welchen Umständen – derartige Suggestionen von sich geben müssen, sind offenbar schwache Menschen, die vielleicht in diesem Moment unabsichtlich oder auch gewollt zu wenig bis kein Maß an Empathie aufweisen. Dies kann durchaus deren

Schutzmechanismus sein. Aus meiner Sicht scheinen dies Menschen zu sein, die selbst zu wenig Zugriff auf entsprechende Ressourcen haben, um unangenehme Situationen und Konflikte auf sachliche, anständige und korrekte Art zu lösen. Vergleichen wir diese Art Mensch mit Menschen, die aus ungerechtfertigten Gründen schlecht über andere Menschen sprechen müssen, so erkennen wir schnell Parallelen zu früheren Verletzungen. Eben sogenannte Muster.

Als Hynosetherapeut versuche ich, den Menschen immer als Ganzes zu sehen und zu erkennen, weshalb dieser Mensch das Bedürfnis hat, Konflikte auf diese Art zu lösen. Solche Menschen haben häufig selbst mit Sorgen und Ängsten zu kämpfen und wurden selbst stark geprägt. Auch ich habe Erfahrungen mit negativen Suggestionen gemacht und habe auch viel daraus gelernt. Verbinde ich nun mein Fachwissen mit meinen Erfahrungen, so möchte ich dir die Möglichkeit bieten, von meinem Wissen zu profitieren, sodass du dich zukünftig besser vor derartig bösen Suggestionen, die beinahe mit Flüchen zu vergleichen sind, schützen kannst.

An allererster Stelle ist elementar, dass du dir aneignest, Suggestionen zu erkennen. Suggestionen sind Einflüsse, die beispielsweise von anderen Menschen, durch die Medien oder sogar von Gruppen an dich gelangen mit dem Ziel, dich zu beeinflussen. Dieses Ziel, dich beeinflussen zu wollen, kann von dem, der dir die Suggestion gibt, bewusst gewählt sein. Das Ziel kann aber auch ein unbewusstes sein, über das sich der, der die Suggestionen gibt, gar nicht wirklich im Klaren ist. Ich gebe dir gerne paar Beispiele, damit du dir aneignen kannst, Suggestionen schneller zu erkennen.

Sagt der Freund zu seiner Freundin: »Nachdem du Sport gemacht hast, hast du eine viel bessere Ausstrahlung als vorher.«

Hier kann die Suggestion lauten: »Treibe mehr Sport.«

Nun ist es möglich, dass der Freund diese Suggestion absichtlich etwas verdeckt formuliert, weil er insgeheim möchte, dass seine Freundin eine etwas sportlichere Figur erlangt. Er formuliert seine Absicht vielleicht daher etwas verdeckt, weil er sich dessen bewusst ist, dass er seinen Wunsch nicht allzu direkt formulieren sollte, denn es könnte verletzend sein. Es ist aber auch möglich, dass er die Suggestion rein unterbewusst formuliert, weil er wirklich die Auffassung vertritt, dass seine Freundin viel glücklicher wirkt, wenn sie Sport getrieben hat, und dies deshalb auch vermehrt tun sollte. In diesem Falle möchte er einfach nur das Beste für seine Freundin.

Egal, welche Ausganglage wir haben – Fakt ist: Es ist eine Suggestion – in diesem Fall eine etwas verdeckte.

Folgend ein Beispiel für eine direkte Suggestion: Die Tochter fragt ihre Mutter um Hilfe bei den Hausaufgaben. Die Mutter selbst ist etwas überfordert mit der Aufgabe, kann sich aber nicht eingestehen, dass sie bereits mit dem Mathematikstoff einer fünften Klasse überfordert ist. Mit Müh und Not löst sie eine Aufgabe vor den Augen der eigenen Tochter. Als die Tochter den Lösungsweg nicht versteht, sagt die Mutter: »Mensch! Du wirst das nie verstehen!«

In diesem Falle haben wir eine direkte Suggestion vorliegen. Die Suggestion ist hier insbesondere deshalb gravierend, weil das Kind von Grund auf lernt, den Eltern Glauben und Vertrauen zu schenken und Respekt entgegenzubringen. Es hat sich bewährt, den Eltern zu glauben und ihnen recht zu geben. Also muss die Mutter aus Sicht der Tochter ja recht haben. Und schon ist geschehen, dass die Tochter das tut, was sie nicht sollte, weil sie nicht anders kann: Sie lässt die Suggestion zu. Mit jeder Aufgabe, die sie nicht selbstständig zu lösen fähig sein wird, wird sie sich einreden und somit selbst suggerieren, dass sie in Mathematik wirklich eine Niete ist. Mit jeder schlechten Schulnote in Mathematik wird sich ihre Annahme für sie bewahrheiten. Sie wird in Zukunft schon dann schweißnasse Hände haben, wenn sie das Wort »Mathematik« im Schulunterricht auf irgendwelchen Unterlagen lesen wird. Sie wird vor jeder Mathematikprüfung beruhigende homöopathische Tropfen einnehmen müssen und wird schon Nächte vor Mathematikprüfungen zu keinem Schlaf kommen – und wenn, dann wird sie sehr schlecht schlafen. Gegen Ende des Semesters hin wird sie versuchen, ihren Notendurchschnitt auszurechnen, um schon vorkalkulieren zu können, welche Noten sie in den einzelnen Prüfungen erreichen muss, damit sie ihren avisierten Notenschnitt erreicht. Sie wird erkennen, dass alles sehr knapp wird, und wird sich einreden, dass sie im Vergleich zu anderen Mitschülern einfach zu schlechte Noten hat, besonders in Mathematik. Sie wird sich einreden, dass sie zu dumm ist, um mit den anderen Schülern mithalten zu können, und schon wird die Suggestion der Mutter vervollständigt: Die Tochter vertritt nun mit ihrer Haltung die eigene Auffassung, sie sei dumm, und scheint sich dessen bewusst zu sein, dass sie Mathematik nie verstehen können wird.

Dieser Fall ist vielleicht gerade deshalb so tragisch, weil die Schülerin im Grunde vielleicht eine exzellente, rationale Denkweise hat, die sie besonders in Mathematik entfalten könnte. Doch weil ihr derart oft das Gegenteil suggeriert wurde, hat sie die Haltung und Einstellung der Mutter verinnerlicht und suggeriert sich nun selbst bei jedem einzelnen Kontakt mit der Mathematik, dass sie nicht gut genug dafür sei. Aufgrund dieser Suggestion kann sie ihr wahres Potenzial nicht entfalten. Die Tochter wurde hier Opfer einer negativen Suggestion; besonders gemein deshalb, weil die Mutter für die Tochter eine Autoritätsperson darstellt, die Kompetenzen aufweisen sollte. Auch hier ist möglich, dass die Mutter die Suggestion unterbewusst und nicht aus böser Absicht formuliert hat. Es ist aber auch möglich, dass die Mutter die Suggestion absichtlich gegeben hat, um sich selbst profilieren zu können. Grund hierfür kann ein explizites Bedürfnis der Mutter nach Machtaufteilung sein. Mit der Suggestion wollte die Mutter sich vielleicht als intelligentere und überlegenere Person positionieren, genau aus dem Grund, dass sie erkannt hat, dass die Tochter in diesem Fach ein größeres Wissen zu haben scheint als die Mutter selbst.

Es gibt aber auch Suggestionen, die nicht durch Menschen direkt, sondern durch ein Medium kommuniziert werden. So kann ein Werbeplakat beispielsweise sehr suggestiv sein.

Genauso gibt es Gruppenphänomene, die aufzeigen, dass Suggestionen in Gruppen sehr einflussreich sein können. Wenn beispielsweise der Anführer einer jugendlichen Gruppe eine starke Meinung vertritt, wird diese von allen Gruppenmitgliedern vertreten. Auch hier hat die Suggestion des Anführers deshalb mehr Macht als manche Logik, weil er das Alphatier ist und in den Augen der Gruppe mehr Kompetenzen, Macht und Ansehen zu haben scheint als alle anderen Gruppenmitglieder. Auch hier können Suggestionen wie »Alle, die Hausaufgaben machen, sind Flaschen« Auswirkungen auf das weitere Verhalten des Schülers haben.

Wenn wir negative Suggestionen nicht zulassen wollen, so müssen wir sie erst einmal erkennen. Das ist sehr wichtig. Also gib bitte zukünftig mehr acht auf das, was man dir kommuniziert. Gib mehr acht auf das, was man dir suggerieren will – egal, wo du bist und wer mit dir kommuniziert. Suggestionen zu erkennen, ist die Voraussetzung dafür, dass du dich vor negativen Suggestionen schützen kannst.

Um dir den richtigen Schutz bieten zu können, beziehe ich mich gerne auf ein Suggestionsmanagement-Modell. Dieses Modell, das sich mit dem Management von Suggestionen beschäftigt, besagt, dass Suggestionen nur dann wirkungsvoll beim Empfänger sind, wenn die internen und externen Voraussetzungen dafür stimmen. Ich persönlich vergleiche es gerne mal mit dem Marketing. Als

Marketingfachmann habe ich auch erkannt, dass wir unsere geäußerten Suggestionen auch »vermarkten« müssen. Im Marketing gehen wir unter anderem davon aus, dass beispielsweise beim Kauf eines Produktes die internen und externen Beeinflusser eine wichtige Rolle bei der Entscheidung des Käufers spielen: Interne Beeinflusser können die eigenen Familienmitglieder oder der Partner sein, der den Käufer begleitet und ihm seine Meinung zu dem Produkt sagt, das gekauft werden sollte. Diese Meinung kann den potenziellen Käufer positiv oder negativ beeinflussen.

Externe Beeinflusser hingegen wären in diesem Fall journalistische Publikationen über dieses eine Produkt in Zeitschriften oder Fachmagazinen, die den potenziellen Käufer in seiner Entscheidung beeinflussen.

Genauso sieht es bei Suggestionen aus. Der Mensch, der die Suggestion äußert, will sein Gegenüber beeinflussen. Er will, dass sein Gegenüber die Suggestion akzeptiert, annimmt und umsetzt. Das muss nicht einmal aus bösem Willen erfolgen. Auch beim Empfänger der Suggestionen spielen interne und externe Beeinflusser eine entscheidende Rolle – mit dem Unterschied, dass die Beeinflusser etwas andere Instanzen darstellen. So sind die internen Beeinflusser im Rahmen des Suggestionsmanagements die inneren Faktoren, die die Suggestion bekräftigen: In diesem Fall nämlich müssen der Glaube, der Wille und das Vertrauen stets stimmig sein hinsichtlich der Suggestion, die auf uns trifft. Das sind die drei Voraussetzungen – dieselben Voraussetzungen, die für eine

Hypnose gegeben sein müssen. Ich muss also dem Menschen, der mir die Suggestionen gibt, Glauben schenken. Ich muss diesem Menschen zudem vertrauen können; insofern vertrauen können, als ich mich auf eine Art und Weise hinsichtlich bestimmter Gedanken einfach gehen lassen und den Gedanken meines suggerierenden Gegenübers einfach so vertrauen kann. Und ich muss dies alles auch wollen. Stimmen diese drei Voraussetzungen, so ist der Empfänger der Suggestionen schon mal etwas empfänglicher als solche Menschen, bei denen eine dieser drei Voraussetzungen nicht vorhanden ist.

Die externen Beeinflusser im Rahmen des Suggestionsmanagements sind die eigenen Ermutiger und Verstärker. Ich gebe gerne ein Beispiel anhand eines Golfspielers: Viele Golfspieler tragen gerne sogenannte Lake Balls mit sich. Das sind wertlose Golfbälle, die Golfspieler gerne mal dafür verwenden, um über kleine Tümpel und Seen zu spielen. Sie verwenden bewusst die wertlosen Golfbälle, weil sie damit rechnen, dass der Ball im Gewässer landen wird. Die Haltung alleine, die der Golfspieler hierbei mit sich bringt, nennen wir eine negative Ermutigung. Es ist eine negative, sprich: keine Ermutigung. Eine positive Ermutigung wäre die innere Geisteshaltung, wenn der Golfspieler einen ebenfalls wertvollen Ball verwenden würde, um über das Wasserhindernis zu spielen, da er das Ziel avisiert, über und nicht, ihn *in* das Gewässer zu spielen. Diese positive Ermutigung führt zu einer positiven inneren Geisteshaltung; zu einer sogenannten internen Motivation. Sie ist eine Motivation, die von uns selbst kommt und auch für uns selbst gedacht ist. Diese Ermutigung ist einer von zwei möglichen externen beeinflussenden Faktoren.

Auch wenn im obigen Beispiel die Ermutigung von innen kam, so kann diese durchaus auch durch einen anderen Menschen erfolgen; beispielsweise durch den Partner, der einen in der Entscheidung ermutigt.

Den zweiten externen Beeinflusser nenne ich den Verstärker. Dies können beispielsweise Menschen sein, die ihre Meinung zu der Suggestion äußern, ohne die direkte Absicht zu haben, den von der Suggestion Betroffenen zu ermutigen. Verstärker können auch Zeitungsberichte sein, die den Empfänger der Suggestion sachlich aufklären. Die Ermutigung und den Verstärker nennen wir deshalb externe Beeinflusser, weil sie auch von außerhalb kommen können, sprich: weil wir auch von anderen Menschen oder von äußeren Einflüssen ermutigt und bekräftigt (bestärkt) werden können. Im Beispiel des Golfspielers wäre der Verstärker zu vergleichen mit der Tatsache, dass dies viele Golfspieler tun, und mit dem Fakt, dass der Golfer überhaupt einen Lake Ball mit sich trägt. Wäre der wertlose Ball erst gar nicht mit dabei, so würde dieser negative Verstärker nicht bestehen. Im Falle des Golfspielers stehen also die externen Beeinflusser, die eigene Ermutigung und die externen Verstärker, sodass die Suggestion, die sich der Golfspieler gibt, auch mit größerer Wahrscheinlichkeit eintrifft.

Sobald wir beginnen, uns die Suggestionen selbst zu geben, sind das dann eben Autosuggestionen.

Wenn Verstärker und Ermutigung für seine Suggestion

sprechen, so stehen die Chancen groß, dass die Suggestion des Golfers eintreffen wird. Seine Suggestion könnte hier lauten: »Ich werde den Ball bestimmt wieder in den See spielen.«

Gut, wir wissen nun, dass es einiger Voraussetzungen bedarf, damit eine Suggestion überhaupt empfänglich angenommen und vom Unterbewusstsein verarbeitet werden kann; der Glaube, der Wille und das Vertrauen des betroffenen Menschen müssen vorhanden sein. Zudem können Ermutiger und Verstärker eine Suggestion auf ihrem Weg beeinflussen. Doch woran erkennen wir, dass eine Suggestion das Gegenüber erfolgreich beeinflusst hat?

Sobald eine Suggestion mit meiner Haltung, meinem Glauben, meinen Gefühlen und mit meinem Verhalten übereinstimmt, scheint sie wohl leider von meinem Unterbewusstsein umgesetzt worden zu sein. Im Falle einer schlechten, bösartigen Suggestion würde das heißen, dass sich die negative Suggestion in meinem Unterbewusstsein ausgewirkt hätte. Aber damit die Suggestion mich wirklich beeinflussen kann, müssen alle diese vier Instanzen – Haltung, Glaube, Gefühle und Verhalten – mit der Suggestion übereinstimmen. Die Suggestion muss meine Haltung, meinen Glauben, meine Gefühle und mein Verhalten hinsichtlich der Thematik der Suggestion beeinflussen können, damit diese für mich auch wirklich eintritt.

Was können wir tun, damit es gar nicht erst so weit kommt?

Der Prozess der Suggestion ist vergleichbar mit Bakterien, die unser Immunsystem befallen. Je mehr Bakterien sich vermehren konnten und nun vorhanden sind, desto schlechter stehen die Chancen für unser Immunsystem. Das Bakterium muss dann aus unserem Körper geschaffen werden, solange es sich noch möglichst geringflächig verbreiten konnte. Genauso ist es mit Suggestionen, die in unser Unterbewusstsein gelangen wollen. Zu einem gewissen Grad hat unser Unterbewusstsein hauseigene Abwehrmechanismen, die es schützen. Doch sobald negative Suggestionen im Spiel sind, müssen wir uns bewusst davor schützen können und die Suggestion daran hindern, sich immer mehr und mehr auszuwirken. An allererster Stelle müssen wir die Suggestion erkennen, wie wir das Bakterium auch anhand von Symptomen erkennen können. Symptome von sich auswirkenden Suggestionen können bestimmte negative Gedanken oder Gefühle sein. Danach müssen wir alles dafür tun, dass die Suggestionen unseren Glauben, unsere Haltung, unsere Gefühle und unser Verhalten nicht beeinflussen können. Den der Suggestion widersprechenden Glauben können wir aufrechterhalten, indem wir uns bewusste Schlussfolgerungen einholen. Ratschläge, Erkenntnisse und unterstützende Meinungen von Außenstehenden, die uns beistehen, können den Glauben an das Gegenteilige der Suggestion verstärken. Auch vergangene Situationen zu verinnerlichen, in denen wir das Gegenteilige der Suggestion wahrgenommen und empfunden haben, kann unseren Glauben stärken.

Genau so können wir auch negativ aufkommende Gefühle in positive Gefühle umwandeln, indem wir einfach die Augen schließen und eine vergangene Szene aus unserem Leben verinnerlichen, in der wir das Gegenteilige dessen erlebt haben, was man uns gerade suggerieren will. Oftmals kann hierfür sehr hilfreich sein, dass wir die Augen einfach für einen kurzen Moment schließen und uns vorzustellen versuchen, welche Farbe das negative Gefühl im Vergleich zum positiven Gefühl haben könnte. Wir sollten uns dann vorstellen, wie uns dieses positive Gefühl umgibt, indem wir uns in Gedanken genau wieder in diesen Moment versetzen, in dem wir uns richtig gut gefühlt haben. Danach stellen wir uns vor, wie wir dieses positive Gefühl einatmen, und versuchen auch zu fühlen, wie sich dieses tolle Gefühl in unserem Körper ausbreitet und das negative Gefühl nach und nach verblassen und verschwinden lässt, bis es einfach derart unwichtig wird, dass wir ihm gar keine Beachtung mehr schenken müssen. Wenn es erst einmal so weit ist, interessiert es uns nicht mal mehr, ob das Gefühl überhaupt noch vorhanden ist oder nicht – weil es keine Macht mehr über uns haben kann. Diese Methode verhilft unserem Unterbewusstsein zur positiven Verarbeitung der Gefühle. Maßgebend hierfür ist, dass wir uns dieses Gefühl richtig gut vorstellen können. Denn unser Unterbewusstsein denkt vorwiegend in Vorstellungen und in Gefühlen.

Durch dieses Vorgehen können wir zugleich die Haltung beeinflussen. Sollten wir bemerken, dass wir uns schon der negativen Suggestion entsprechend verhalten, so sollten wir uns in die Gesellschaft solcher Menschen begeben und uns solchen Situationen aussetzen, die uns das Gegenteil beweisen. Der Ex-Freund, der immer noch unter der negativen Suggestion seiner Ex-Freundin leidet, nämlich unter derjenigen, dass er nie eine Frau fürs Leben finden würde, könnte sich in diesem Fall in seine Stammkneipe setzen, in der ihm von seinen Genossen suggeriert würde, dass er einer der bei den Frauen mit Abstand begehrtesten anwesenden Herren sei. Oder er verabredet sich mit einer Freundin, die ihm gerne ab und zu suggeriert, dass er toll aussieht und bei den Frauen sehr begehrt ist.

Wie gegen ein Bakterium, das unseren Körper befallen will, können wir uns auch gegen böse Suggestionen wehren. Wir können uns selbst und unsere hauseigenen Abwehrkräfte stärken. Wir können die Suggestion aus unserem Körper und unserem Kopf heraustreiben, bis wir gegen die Suggestion immun sind.

Können wir also den Gedanken unterbinden, so geben wir der Krankheit oder, in unserem Fall, der Suggestion keinen Raum. Und genau darin liegt die Essenz. Um sich wirklich vor negativen Suggestionen schützen zu können, lautet die wichtigste Devise: Gib solchen Menschen und Suggestionen einfach keinen Raum, weder zeitlichen Raum noch Raum in Form von aufgewendeter Energie. Man sollte weder über derartige Menschen sprechen noch sonstige Gedanken an derartige Menschen verschwenden. Man sollte das Gute und Schöne im Leben genießen; das, was unserem Unterbewusstsein guttut; das, was uns stärkt, was uns gefällt und was uns motiviert. Schaffen wir es, die Stärke aufzubringen und uns nur noch an positive Einflüsse und positive Menschen zu wenden, so schaffen wir es, den negativen Suggestionen überhaupt keinen Raum mehr zu geben. Denn letztendlich gibt es für jeden Menschen auf unserem Planeten Menschen, die ihm entsprechen; Menschen, die ihn stärken und motivieren.

Weshalb solltest du dich mit Menschen befassen, die anderen Menschen glauben, die schlecht von dir reden? Du hast nur die Menschen verdient, die dich glücklich machen können; die Menschen, die auch dir zuhören und für deine Geschichte Verständnis zeigen. Und solange wir uns von anderen Menschen, die uns mit bösen und negativen Suggestionen beeinflussen wollen, verabschieden müssen, so lange ist dies lediglich ein Filter: ein Filter, der uns zu diesen Menschen bringt, die uns Energie, Stärke, Motivation und Halt schenken. Alle für uns negativen Menschen verschwinden einfach so - im Nichts, im Nichts, im Nichts. Gib denjenigen Menschen Raum, die dir guttun. Denn du darfst dir selbst etwas wert sein, weil insbesondere du etwas wert bist.

Negativen Suggestionen keinen Raum geben

Grundsatz:
Sollten dich gewisse Menschen negativ beeinflussen wollen und bei dir negative Gefühle erwecken, so verfolge die Absicht, diesen Menschen möglichst keinen Raum zu geben. Somit verhinderst du, dass überhaupt negative Gedanken aufkommen können. Dafür musst du aber die Suggestionen zuerst überhaupt

erkennen können. Es gibt direkte und verdeckte Suggestionen.

Es gibt Instanzen, die entscheiden, ob eine Suggestion überhaupt angenommen werden kann:

- Interne Beeinflusser:
  eigener Wille, eigener Glaube, eigenes Vertrauen hinsichtlich der suggerierenden Person.
- Externe Beeinflusser:
  Ermutigung und Verstärkung durch sich selbst
  Notwendige Faktoren, die mit der Suggestion übereinstimmen müssten, damit sie sich im Unterbewusstsein umsetzen könnte, und wie wir uns dagegen wehren können:
- Glaube an die Suggestion: Dagegen können wir uns wehren, indem wir uns bewusste Kenntnisse einholen und Schlussfolgerungen ziehen, die den Glauben an die Suggestion verwerfen können.
- Negative Gefühle durch die Suggestion: Dagegen können wir uns wehren, indem wir uns in Gedanken in eine konträre Situation aus unserer Vergangenheit versetzen, die das Gegenteilige der Suggestion bestätigt, und indem wir uns vorstellen, wie ein gutes, starkes Gefühl in einer positiven Farbe aufkommt, das wir nach und nach einatmen können, so lange, bis nur noch das

positive Gefühl überwiegt und wir uns so fühlen wie damals, als wir mitten in jener positiven Situation waren.

- Haltung entsprechend der Suggestion: Durch die Gegenmaßnahme hinsichtlich des Glaubens und der Gefühle beeinflussen wir auch die Haltung in positiver Weise.
- Verhalten hinsichtlich Suggestion: Bemerken wir, dass wir uns nicht so verhalten, wie wir es wünschen, so sollten wir uns in Situationen und/oder Gesellschaften begeben, die uns unaufgefordert das Gegenteil dessen suggerieren, was uns ansonsten suggeriert würde. Dadurch begeben wir uns in die Rolle, die unserem Ich auch wirklich entspricht.
- Meine Suggestion: Gib Menschen, die dir schaden wollen, keinen Raum, und widme deinen Raum (Zeit und Energie) denjenigen Menschen, die dein Leben bereichern. So schafft sich jeder sein wertvolles Umfeld, das jeweils nur einem Menschen entspricht. Du bist der einzige Mensch auf Erden, der genau dieses Umfeld hat, das er hat. Kein anderer Mensch dieser Welt kann genau dasselbe Umfeld mit den entsprechend genauen Beziehungen zu seiner Person zählen. Du darfst dir etwas wert sein – weil du auch wertvoll bist.

Ein Experiment

Ich möchte ein Experiment mit dir machen. Ein sehr spannendes Experiment. Aber nur du allein kannst entscheiden, ob du bei diesem Experiment mitmachen möchtest oder nicht. Bestehende Prägungen, Muster, Ängste oder Traumata kommen stets in Begleitung von einem negativen Gefühl. Dieses negative Gefühl möchte ich gemeinsam mit dir lokalisieren, damit du es in einem weiteren Schritt auflösen kannst und es dir nachhaltig besser geht, du vielleicht sogar richtig gelöst davon bist.

Ich möchte gern, dass du Folgendes tust: Gehe in dich hinein und versuche, ein schon länger bestehendes Problem und das damit gekoppelte Gefühl zu lokalisieren.

Übung: Wie du die Angst findest

Schließe deine Augen.
Definiere dein Problem.
Versuche, das entsprechende daran gekoppelte negative Gefühl zu fühlen.
Stell dir vor, du könntest mit deinen Augen in deinen Körper hineinschauen und das mit dem Problem verknüpfte Gefühl in deinem Körper an einer bestimmten Stelle lokalisieren. Irgendwo in deinem Körper sitzt das Gefühl.
Lege nun deine Hand auf die entsprechende Stelle, an der du das Gefühl spürst.

Wenn du das Experiment richtig durchgeführt hast, wirst du, da bin ich mir sicher, deine Hand irgendwo an deinem Oberkörper platziert haben.

Fast alle Menschen empfinden dieses negative Gefühl in der Nähe des Bauches, bis hin zum Unterleib. Einige fühlen ihr Problem auch in der Gegend des Herzens. Wieder andere eher in der Gegend der Luft- und Speiseröhre, selten im Kopf.

Ich bin mir sicher, dass du dein Gefühl nicht in einer deiner Extremitäten lokalisiert hast. Auch nicht im Unterkörper. Vorwiegend in der Region des Bauches, des Magens, des Halses und des Herzens.

Ich möchte dir von meinem Muster erzählen. Es ist mehr eine Prägung. Ein negatives Gefühl, das ich ebenfalls in meinem Oberkörper lokalisiert habe.

Immer dann, wenn Ungerechtigkeit herrschte, wie ich sie beispielsweise in der Schule erlebt hatte, spürte ich dieses Gefühl. Dieses Gefühl konnte sogar hochsteigen und sich wie ein Kloß im Hals anfühlen. Ein Gefühl, das mir die Luft raubte. Mir blieb der Atem aus. Zugleich verflüchtigte sich mein Geschmackssinn. Meine Zunge wurde beinahe taub, mein Kopf wie gelähmt, bis mir Tränen aus den Augen schossen.

Dies passierte in meiner Jugend immer dann, wenn ich mich von meinen Mitschülern oder Lehrern ungerecht behandelt fühlte.

Solche Muster entstehen früh. Ungefähr nach dem dritten Schwangerschaftsmonat, also pränatal, ist unser Unterbewusstsein gut genug ausgebildet, um erste Wahrnehmungen zu speichern. Jeder ins Unterbewusstsein gelangte Inhalt kann auf Lebenszeit gespeichert werden und prägend sein. Der Inhalt kann entscheidend für eine Kette von weiteren Prägungen sein, von Mustern, Ängsten und Problemen, die uns erst später beeinträchtigen.

Mein Gefühl ist logisch zu erklären: Kaum war ich geboren, vergaß ich zu atmen. Mit sechs Monaten begannen meine Affektanfälle. Bei jedem einzelnen Anfall waren ein Gedanke, ein Gefühl oder eine Angst ausschlaggebend, dass ich nach Luft rang und mein Bewusstsein verlor.

Es ist verständlich, dass mein Unterbewusstsein später noch Angst davor hatte, keine Luft mehr zu kriegen, selbst wenn ich über lange Zeit keinen Anfall gehabt mehr hatte. Beim letzten Anfall war ich sieben. Trotzdem blieb das Muster, das negative Gefühl, das mir bei einem entsprechenden Auslöser die Tränen in die Augen schießen ließ, in mir verankert. Es begleitete mich. Ich war nicht nahe am Wasser gebaut, im Gegenteil, ich dachte von mir, ich wäre stark. Aber immer dann, wenn man einen Schwachpunkt von mir traf, ahnte ich, dass dann diese Leere, dieses unangenehme Gefühl aufkommen würde.

Ich schaffte es jedoch bereits in meiner frühen Jugend, dieses Gefühl beiseitezulegen, und ich möchte dir Möglichkeiten zeigen, wie auch du das schaffst. Wie du, nachdem du im Experiment deine Angst lokalisiert hast, dieses negative Gefühl auflösen kannst. Wie du ihm entgegenwirken kannst, sodass du dich von diesem alten Muster zukünftig nicht mehr beeinträchtigen lassen musst.

Autosuggestive Methoden

Es gibt Techniken, die du für dich und an dir selbst anwenden kannst, um einem Problem entgegenzuwirken oder dieses vielleicht sogar auflösen zu können.

Oft haben wir Menschen das Gefühl, dass wir nur dann geheilt oder von einem Muster oder Problem befreit werden können, wenn wir eine möglichst bittere, möglichst große und zugleich noch farbig leuchtende und teure Pille einwerfen.

In der Tat haben Studien gezeigt, dass der Heilungsprozess schneller voranschreitet, wenn wir Medikamente einnehmen, die eher bitter sind, leuchtende Farben haben und teuer sind, obwohl die Inhaltsstoffe der farbigen und der normalen weißen Pillen dieselben sind. Es ist also empirisch belegt, dass der Placeboeffekt existiert; sprich, dass wir uns durch unsere Gedankenkraft selbst heilen können. Diesem Effekt kam auch schon Émile Coué[4] auf die Schliche, als er als Apotheker Medikamente verkaufte, die bei den Kunden besonders gut anschlugen, obwohl die Inhaltsstoffe keine entsprechend bessere Wirkung hatten. Er war der Begründer der modernen Autosuggestion und der Meinung, es genüge, wenn es einem nicht gut gehe, abends vor dem Schlafengehen und morgens unmittelbar vor dem Aufstehen rund zwanzig Mal laut zu sich selbst zu sagen:

4 Émile Coué (* 26. Februar 1857 in Troyes; † 2. Juli 1926 in Nancy) war ein französischer Apotheker und Autor sowie Begründer der modernen, bewussten Autosuggestion.

»Es geht mir mit jedem Tag in jeder Hinsicht immer besser und besser.«

Er ging davon aus, dass unser Unterbewusstsein diese Worte nur hören müsse und es dadurch automatisch derart positiv geprägt würde, dass es einem in der Tat besser gehe. Er war der Meinung, dass man die Worte laut aussprechen müsse, sodass das Unterbewusstsein die Worte über das Gehör auch wahrnehmen könne.

Viele andere Experten auf dem Gebiet der Autosuggestion haben inzwischen modernere Methoden entwickelt.

Vielleicht fragst du dich, wie Autosuggestion funktioniert oder ob sie Ähnlichkeit mit autogenem Training hat. Grundsätzlich ist es sehr schwierig, autogenes Training von einer Autosuggestionstechnik zu unterscheiden, jedoch geht man davon aus, dass man sich im Rahmen einer Autosuggestion von allein in Hypnose versetzt, dass man also eine Selbsthypnose anwendet. Ganz genau: Du wirst dich selbst in Hypnose versetzen.

Du denkst, das sei unmöglich? Tatsächlich aber versetzt du dich täglich mehrmals von selbst in Hypnose. Sei es, dass du an der Kasse stehst und träumst, oder sogar während der Autofahrt.

Sich selbst zu hypnotisieren sollte also kein Problem darstellen.

Folgende drei Bedingungen sind Voraussetzung für die Selbsthypnose:

1. Du musst dein Problem autosuggestiv angehen wollen, dich also selbst hypnotisieren wollen. Dein Wille muss vorhanden sein.
2. Du musst daran glauben, denn wer nicht glaubt, hindert sich daran, sich in einen entsprechend tiefen Zustand der Trance fallen zu lassen. Stelle dir nicht während des gesamten Prozesses dauernd die Frage, ob du nun wohl in Trance bist. Lass es einfach geschehen, dich fallen zu lassen.
3. Vertraue dir, der Methode und meiner Anleitung.

Wille, Glaube und Vertrauen musst du also mitbringen. Wenn du das hast, so schließe ich aus, dass du Angst bekommst. Hab keine Angst. Die Hypnose kann dir nur guttun. Deine Gehirnaktivität wird deutlich erhöht sein. Die Hypnose kann dir also in keiner Weise schaden. Die Hypnose als erfolgreiches Psychotherapieverfahren hat sich seit über zweihundert Jahren bewährt und wird heute in aller Welt auch im medizinischen Bereich angewandt. Also darfst du dich so richtig auf diesen vertrauten Zustand freuen.

Über die gesamte Selbsthypnose hinweg wirst du dein eigener Chef sein und völlig frei entscheiden können, was du dir suggerieren möchtest und was nicht.

Autosuggestion beinhaltet »auto« (»selbst«) und »Suggestion« (»Einfluss« oder »Befehl«). Du entscheidest selbst, welchen Einflüssen du dein Unterbewusstsein aussetzen möchtest und welchen nicht. Du kannst dich auch jederzeit völlig frei wieder ins Hier und Jetzt zurückholen, indem du einfach die Augen öffnest, nachdem du deinem Geist und deinem Körper die Entspannung nimmst.

Den Willen für die Hypnose musst du völlig allein aufbringen. Ich kann sie dir nur beschreiben. Die Mitgabe einer Autosuggestionstechnik ist mittlerweile fester Bestandteil meiner Einzelsitzungen. Was wir hier machen, ist also wie ein Teil einer Einzelsitzung mit dir und mir. Den Glauben daran, den kann ich dir nicht geben – ich kann nur versuchen, dich davon zu überzeugen. Ich bin sicher, dass ich das schaffe. Und das Vertrauen – ja, das, so denke ich, ist gegeben, zumal du weißt, welche Erfolge ich bereits mit meinen Techniken hatte und diese nicht nur Psychotherapeuten, Ärzten und Managern weitergeben darf, sondern auch meinen Klienten, aber genauso auch Spitzensportlern und Personen der Öffentlichkeit. Du darfst mir vollkommen vertrauen.

An dieser Stelle fällt mir die E-Mail einer Klientin ein. Sie wollte zu mir in eine Therapiesitzung kommen. Sie war Kettenraucherin und *wollte* nicht nur davon wegkommen, sondern *musste* es aus gesundheitlichen Gründen auch. Ich hatte mit ihr einen Termin vereinbart – nur war dann das Problem, dass ich für den entsprechenden Tag eine Terminkollision hatte. Ich rief die Dame also an und ließ sie wissen, dass ich leider kurzfristig verhindert sei. Weil das überhaupt nicht meine Art ist, sagte ich ihr am Telefon, dass ich ihr anschließend per E-Mail eine kurze autosuggestive Anleitung senden würde, die sie an sich selbst anwenden und so vielleicht das Wochenende schon angenehmer überbrücken könnte. Ich sagte ihr: »Wenn es Ihnen wirklich derart wichtig ist, dann möchte ich, dass Sie diese Anleitung ernst nehmen und die Methode täglich mehrmals anwenden.«

Die Woche verging, und ich hörte nichts von der Klientin. Zu unserem Ersatztermin erschien sie pünktlich. Sie war ungefähr Mitte fünfzig, pfiffig, etwas extrovertiert und trug schwarze Kleidung. Das weiß ich noch genau. Eigenartig fand ich, dass sie nicht nach Rauch roch. Ich dachte mir, sie habe sich vielleicht frisch gewaschene Kleidung angezogen, oder aber sie raucht auf dem Balkon, sodass ihre Kleider, die sie im Schrank aufbewahrt, nicht nach Rauch riechen. Ich fand das zwar etwas eigenartig für eine Kettenraucherin und dachte, sie sei vielleicht eine Frau, die gar keine Kettenraucherin ist, nur einen Termin bei mir wollte und alles derart dramatisiert hatte, damit sie den Termin erhielt.

Ich ließ sie Platz nehmen und gab ihr ein Formular zum Ausfüllen.

Sie meinte: »Muss ich alles ausfüllen? Denn in der Zwischenzeit ist etwas passiert.«

Dabei lächelte sie so schelmisch, als würde sie sich wie ein kleines Mädchen darüber freuen, etwas zu wissen, was ich nicht weiß.

Ich fühlte mich bestätigt in meiner Vermutung, sie sei eine, die mir nur am Telefon etwas vorgespielt, dramatisiert hatte, damit sie eine Einzelsitzung bekommt, und mir nun gestehen würde, sie sei keine Raucherin und komme nur, weil sie mal eine Hypnose erleben wolle.

Ich schenkte ihr ein Glas Wasser ein. Dann setzte ich mich auf meinen Sessel, nahm das halb ausgefüllte Formular entgegen und las es mir kurz durch. Beim Feld »bestehende Beschwerden/Grund der Konsultation« stand das Wort »Nikotinsucht«. Es schien also doch zu stimmen.

Ich schaute auf ihre Fingernägel, und schon fiel mir auf, dass sie die Nägel von Zeige- und Mittelfinger ihrer rechten Hand mit einem dunkelroten Nagellack lackiert hatte, damit die vom Nikotin gefärbten Nägel nicht auffielen. Sie hatte keine langen Fingernägel, aber auch keine kurzen. Es schien mir fast so, als hätte sie für gewöhnlich gar nicht das Bedürfnis, ihre Fingernägel zu lackieren. Ich hatte auch das Gefühl, dass das gar nicht zu ihr passte.

Ich las weiter im Formular.

Dann sagte sie ganz schüchtern: »Eben« und holte Atem. Aber langsam, so als würde sie darauf warten, dass ich ihr ins Wort fallen würde.

Ich meinte: »Ja?«

Sie fuhr fort: »Sie haben mir ja nach unserem Telefongespräch diese Anleitung geschickt, nicht?«

»Ja.«

»Und zuerst dachte ich mir: Das klappt niemals. Das ist nicht böse gemeint, aber ich dachte mir, dass das einfach nur funktionieren würde, wenn ich von Ihnen hypnotisiert werde. Dann dachte ich, ich versuche das einfach mal, und ich druckte mir die E-Mail aus. Mein Mann sah vom Bett aus fern, und ich lag mit Ihrer Anleitung in der

Hand neben ihm im Bett. Dass er fernsah, störte mich nicht. Ich bin sowieso ein Typ Mensch, der überall einschlafen kann. Neben mir könnte ein Jumbojet starten, und es würde mich nicht vom Schlaf abhalten.«

Ich wurde neugierig. »Okay.«

»Dann las ich Ihre Anleitung durch und versuchte, sie genauso, wie Sie sie geschrieben haben, durchzuführen. Ich merkte noch, wie ich immer müder und müder wurde. An das Weitere kann ich mich nicht mehr erinnern. Ich wachte mitten in der Nacht auf. Mein Mann schlief schon. Und ich legte das Blatt zur Seite und schlief weiter.«

»Spannend.«

»Eigenartig wurde es dann erst am nächsten Morgen, als ich aus Routine nach der Zigarettenschachtel griff, die auf meinem Nachttisch lag. Ich wollte eine Zigarette rausnehmen, als ich auf einmal eine Art ›Lustlosigkeit‹ spürte. Hätte ich tatsächlich eine Zigarette herausgenommen, dann wäre es für mich fast ein ›Muss‹ gewesen, sie anzustecken. Aber das wollte ich gar nicht. Also ließ ich die Packung unberührt auf dem Nachttisch liegen.«

»Sehr spannend. Wie dann weiter?«

»Als ich aus der Wohnung ging, nahm ich zwar die Packung mit in meiner Handtasche, aber in jeder einzelnen Pause hatte ich stets dasselbe lustlose Gefühl in mir. Und zugleich ein Frischegefühl in meinem Mund. Ich mochte keine Zigaretten mehr hineinstecken. Für mich wären die Zigaretten eine Art ›Spielverderber‹ gewesen, für mein gutes Gefühl, das ich den gesamten Tag über hatte. Und nun habe ich seither genau zwei Züge geraucht. Vorgestern einen, weil ich es einfach nicht glauben konnte und derart neugierig war, ob ich mich nun wohl vor dem Geschmack ekeln würde, und mir deswegen eine Zigarette angezündet habe. Als ich bei dem ersten Zug einen bitteren, ekligen Geschmack hatte, wollte ich es einfach nicht glauben und nahm einen zweiten. Aber derselbe eklige Geschmack blieb, daher warf ich die Zigarette auf den Boden. Das war's dann. Bin ich jetzt schon geheilt? Müssen wir gar keine Sitzung mehr machen?«

»Na, das klingt alles sehr erstaunlich und zugleich für mich nicht außergewöhnlich. Sie haben die Anleitung scheinbar wirklich ernst genommen. Das freut mich sehr. Sie haben Ihrer Sucht nun schon autosuggestiv derart entgegenwirken können, dass Sie anscheinend schon so gut wie geheilt sind. Wenn Sie wollen, können wir kurz besprechen, ob wir noch analytisch vorgehen wollen. Andernfalls kann ich das Ganze auch noch etwas versiegeln.«

Sie war damit einverstanden und gelangte unheimlich schnell in Hypnose. Das wunderte mich nicht – weil sie schon wusste, wie man sich einfach fallen ließ. Nachdem ich mit ihr tiefer arbeitete, wurde uns beiden bewusst, dass sie schon innerlich so frei war von der Nikotinsucht, dass sie das Rauchen gar nicht mehr brauchte.

Nach der Sitzung bat sie mich: »Ich habe noch eine Bitte, können Sie die Zigaretten in meiner Tasche gleich wegwerfen?«

»Lustig, dass Sie das von selbst erwähnen. Für gewöhnlich konfisziere ich die Zigaretten nach jeder Raucherentwöhnungssitzung.«

Dann wollte ich testen, wie hoch ihr Ekel nach der Hypnose noch war, und sagte: »Sie können die Zigarettenpackung einfach hier in den Abfalleimer werfen.«

Sie antwortete: »Das will ich nicht.«

»Weshalb nicht?«, fragte ich.

Sie meinte: »Ich kann einfach nicht. Ich kann sie nicht mehr anrühren. Können Sie sie aus meiner Tasche nehmen und für mich wegwerfen?«

»Selbstverständlich.«

Dann wurde es besonders lustig: Sie sagte mir, ich solle die Tasche bitte öffnen. Es war ein Magnetverschluss. Ich öffnete die Tasche, als sie sich auf einmal in ihrem Sessel zusammenzog, den Kopf nach hinten streckte, mir nur noch die Schulter zuwendete und hinter sich auf den Boden guckte. So als befände sich eine eklige, giftige Schlange in der Tasche, die jeden Moment herausspringen könnte. Ich suggerierte ihr, dass alles in Ordnung sei. Sie lotste mich durch ihre Tasche, bis ich dann neben Lippenstift, Sonnenbrille und Portemonnaie auf die Zigaretten in der inneren Seitentasche stieß.

Ich warf sie in den Abfalleimer und sagte: »Weg.«

Sie sah nochmals zur Kontrolle in der Tasche nach und war auf einmal unheimlich erleichtert. Sie bedankte sich ganz herzlich und verließ mein Büro.

Wenige Wochen nach dem Termin erhielt ich eine E-Mail von ihr. Sie war zu diesem Zeitpunkt immer noch Nichtraucherin und zuversichtlich, es ihr Leben lang zu bleiben, so ihre Worte.

Mit dieser Geschichte möchte ich dir zeigen, wie wirkungsvoll die Autosuggestion sein kann. Du wirst erstaunt sein. Wichtig ist, dass du die Technik ernst nimmst, wenn du damit ein bestehendes Problem angehen willst, und dass du sie mehrmals täglich anwendest. Möchtest du dir die Autosuggestionsmethoden noch mehr verinnerlichen, so gibt es auch Video-Hypnosen von mir auf meiner Website, die dir dienlich sein können.

Vorbereitung zur Autosuggestion (Selbstbeeinflussung)

- Setze oder lege dich in eine stabile Position. Im Idealfall legst du dich während der Autosuggestion hin, oder du setzt dich so, dass du garantiert nicht zur Seite, nach hinten oder vorn fallen kannst. Wenn du sitzt, dann kannst du deine Unterarme auf die Oberschenkel legen, sodass du in einer stabilen Position länger verweilen kannst. Die Beine etwas auseinanderstellen.
- Wenn du deine Nackenmuskulatur entspannst, lass den Kopf niemals nach hinten fallen, sondern immer nach vorn, sodass dein Kinn auf deiner Brust ruht. Auf diese Weise kannst du dich hervorragend im Ganzen wie auch die Nackenmuskulatur entspannen.
- Wende die Autosuggestion nicht an, wenn du unter starkem Alkoholeinfluss stehst, sonstige Drogen eingenommen hast oder wenn du schwan-

ger bist. Ich hoffe, das ist selbstverständlich. Alles nur zu deiner eigenen Sicherheit. Es geht um eine vorbeugende Maßnahme für situative Risiken.

- Wende die Methode mehrmals täglich an. Gehe jeweils nur ein Problem an. Bearbeite dieses Problem mit der Methode so lange, bis eine Besserung spürbar wird, bevor du dich einem weiteren Problem widmest.
- Versuche, störende Faktoren auszuschalten, wie etwa ein offenes Fenster an einer lauten Straße.
- Du kannst dir die Autosuggestionen selbst innerlich sagen – mit deiner inneren Stimme –, oder du nimmst sie dir auf Tonband auf. Beides ist in Ordnung.
- Messe jeweils die Zeit, die du dafür gebraucht hast, und versuche, immer schneller und schneller zu werden, versuche zugleich, immer weniger dabei zu denken. Es wird sich eine Art »visuelle Geschichte« entwickeln. Versuche, diese von Mal zu Mal schneller abspielen zu lassen, wie eine Art Kinofilm. Bis du irgendwann einmal nur noch die Augen für zehn Sekunden schließen musst und den gesamten heilenden Prozess bereits durchgemacht hast. Nimm dir für das erste Mal aber so viel Zeit, wie dir lieb ist.
- Du musst es wollen, du musst daran glauben und mir und der Methode vertrauen.

Bitte denke daran, ich kann dir mit dieser Autosuggestionsmethode keine Garantie dafür geben, dass dein Problem danach gelöst ist. Du solltest sie mehrmals täglich anwenden und musst konsequent und diszipliniert sein. Vor allem, fordere die Lösung nicht heraus. Es wäre kontraproduktiv, wenn du beispielsweise mit der Hypnose einer Sucht entgegenwirken möchtest und nach einer Anwendung nur mal versuchen willst, ob dir das entsprechende Suchtmittel noch gefällt. Natürlich wirst du nicht von der einen auf die andere Sekunde geheilt. Es kann passieren, dass eine einzige Anwendung Wunder bewirkt, aber es ist kontraproduktiv, genau das testen zu wollen. Solange du nicht geheilt bist, wirst du das Suchtmittel weiter konsumieren wollen, wird die Angst immer noch präsent sein, wird das Trauma immer noch vor dir schweben. Ein entlassener Gefängnisinsasse geht auch nicht hinaus in die Freiheit und testet, ob er noch Verbrechen begehen kann oder nicht, nur um zu sehen, ob er noch Verbrecher ist oder inzwischen ein vernünftiger Mensch. Genauso solltest auch du nach der Anwendung der Autosuggestion nicht versuchen, das Schicksal herauszufordern. Aber du kannst dir bei jeder Anwendung ein positives, gegensteuerndes Gefühl suggerieren.

Ich lehne jegliche Haftung für negative Folgewirkungen, Auswirkungen und dergleichen ab und erkläre deutlich, dass keine Heilung garantiert ist, sondern sie von den individuellen Faktoren abhängt. Außerdem kann man kranke Menschen mit dieser Methode nicht einfach wie mit Geisterhand heilen.

Ich weiß, dass Autosuggestion eine ausschließlich positive und heilende Wirkung in sich trägt. Aber manche Menschen wenden sie an und kommen dann auf die Idee, mir anhängen zu wollen, dass sie seither ihre Frau nicht mehr lieben oder keinen Kaffee mehr trinken können, obschon sie sich eigentlich nur das Rauchen abgewöhnen wollten.

Wendest du die Methode richtig an, so bin ich überzeugt, wird dein Unterbewusstsein gemeinsam mit dir in Richtung deines Erfolges arbeiten.

Anleitung zur Selbsthypnose

Als ich zu Anfang meiner Hypnoseausbildungen mit der Selbsthypnose konfrontiert wurde, hatte ich einen zu geringen Glauben daran. Ich war damals der Meinung, dass eine Hypnose nur wirklich möglich sei und vor allem auch wirklich effektiv sein könne wenn sie von einem Hypnotiseur eingeleitet werde. Mir war durchaus auch damals verständlich, dass wir uns mehrmals täglich in einem Zustand der Hypnose befinden, ohne dass wir es überhaupt wahrnehmen – während der Autofahrt, während des Lesens eines Buches oder sogar längerfristig in Beziehungen. Ich glaubte aber trotzdem vorerst, dass Selbsthypnose nicht so wirksam sein könne wie eine Hypnosesitzung. Dieser Meinung war ich, bis ich Selbsthypnose richtig verstand und erfahren habe. Denn Selbsthypnosen können auch lediglich Anker sein. Anker sind wie Schlüsselreize, die in uns einen positiven Prozess aktivieren. Wenden wir einfach nur diese Anker an, so ist das auch schon eine Form von Selbsthypnose: zum Beispiel, wenn man den Punkt zwischen den Augenbrauen berührt und man sich an einen schönen Moment aus der Vergangenheit erinnert. Man kann diesen Anker beispielsweise mit folgenden Worten programmieren: »Immer dann, wenn du den Punkt zwischen deinen beiden Augenbrauen berührst und dich in diese Situation begibst, immer dann wird das schöne Gefühl, das du gerade jetzt verspürst, wieder reaktiviert.«

Mit einem Anker ist es also möglich, Sinneswahrnehmungen mit einem gedanklichen Prozess oder einem Gefühl zu verknüpfen, sodass der Klient diesen gedanklichen Prozess oder dieses bestimmte Gefühl, wann auch immer er möchte, zu einem späteren Zeitpunkt wieder reaktivieren kann.

Als ich persönlich meinen Anker damals an mir selbst anwandte, wurde ich vom Hocker gehauen: Das Gefühl, das ich mir hatte suggerieren lassen, war sofort wieder präsent – und nicht nur das, sondern durch die Selbsthypnose änderten sich neben meinem inneren Gefühl auch meine innere Haltung und meine Gedanken.

Die Selbsthypnose wurde für mich ein unheimlich wirkungsvolles Werkzeug, das sich jede und jeder zunutze machen kann. Man muss es nur wollen.

Ein wichtiges Element der Selbsthypnose ist, dass wir uns, während wir uns selbst in Hypnose versetzen möchten, physisch und psychisch entspannen können – körperlich und geistig. Wir gehen davon aus, dass die geistige

Entspannung durch eine körperliche Entspannung viel einfacher herbeigeführt werden kann.

Eine weitere, sehr wichtige Eigenschaft der Selbsthypnose ist, dass die Vorstellungskraft richtig ausgenutzt wird und wir versuchen, die Kreativität unserer Vorstellungskraft in der Hypnose so richtig spielen zu lassen.

Ein weiteres, wichtiges Merkmal der Selbsthypnose ist dies, dass die Selbsthypnose eine Art »Geschichte« ist, die sich förmlich von selbst abspielen soll. Das heißt, dass du, wenn du die Selbsthypnose an dir anwenden willst, im Idealfall eine Art Film kreierst, den du vielleicht bei der ersten Selbsthypnose noch bewusst steuern musst – also beim ersten Durchlauf noch den Regisseur spielen musst –, aber bei jedem weiteren Durchlauf einfach so abspielen lassen kannst, ohne dass du dein Bewusstsein zu sehr aktiv halten musst. Denn Ziel einer jeden Selbsthypnose ist mitunter auch, dass sie lediglich unterbewusst und nicht bewusst abläuft, indem du die notwendigen Suggestionen vorab schon förmlich programmiert hast.

Meine Anleitung zur Selbsthypnose halte ich möglichst unkompliziert. Wenn du dir die Abläufe gemerkt hast, kannst du die Selbsthypnose das erste Mal eher bewusst – eben als Regisseur – abspielen lassen. Wichtig ist aber, dass du die Selbsthypnose dann als eine Art Film abspeicherst, sodass du, wenn du dich erneut selbst hypnotisieren möchtest, nur noch den Film abspielen lassen kannst und die Hypnose von ganz allein abläuft.

Bevor du mit der Selbsthypnose beginnst, lege Stift und

Papier bereit. Versuche, dir vor Augen zu halten, was du durch die Selbsthypnose erreichen möchtest. Schreibe dies auf das Stück Papier, aber versuche dich möglichst kurz zu fassen. Fasse deine Zielsetzung also in nicht mehr als einem oder in maximal zwei kurzen Sätzen zusammen. Wichtig ist, dass dein Ziel dir glaubwürdig erscheint und auch erreichbar ist. Formuliere also keine Ziele, die du selbst schon bezweifelst oder die in ihrer Erfüllung viel zu utopisch wären. Versuche, deine gewünschte Veränderung für dich glaubwürdig und erreichbar zu formulieren. Formuliere außerdem keine Sätze, die Negationen wie »nicht« oder »nie mehr« und dergleichen beinhalten. Ein Beispiel für jemanden, der mittels Selbsthypnose an Gewicht verlieren möchte, wäre: »Ich werde mich schlank und dynamisch fühlen.«

Es ist bei diesem Satz in Ordnung, wenn du Hilfsverben brauchst. Hilfsverben sind Worte, die dir verdeutlichen, dass du dich in einem Prozess befindest, aber der Prozess noch nicht abgeschlossen ist. Für dein Unterbewusstsein wäre es nämlich unglaubwürdig, wenn du den Satz im Indikativ formulieren würdest, ohne Hilfsverben: »Ich bin schlank und dynamisch.« Dieser Satz würde nicht funktionieren, weil die Person, die diesen Satz ausspricht, sich selbst ja noch nicht glauben kann. Dies ist hemmend für den Prozess.

Es gibt auch Suggestionen, die besser ohne Hilfsverben funktionieren. Zum Beispiel, wenn man sich sofort selbstbewusster fühlen will. Dann kann man sich suggerieren: »Ich bin selbstsicher und selbstbewusst.« Dies macht Sinn.

Ob man Hilfsverben wie »können, werden, wollen« verwendet, hängt immer von der Kernaussage ab und davon, ob dieser Zustand jetzt schon gegeben ist oder man sich noch im Prozess dahin befindet.

Eine beispielhafte Formulierung für einen Menschen, der Blockaden hat, wenn er vor Menschen steht und etwas präsentieren muss, wäre: »Immer dann, wenn ich im Mittelpunkt stehe, genieße ich das Gefühl, stark und interessant zu sein, weil meine Zuschauer etwas von mir erfahren wollen.«

Mit deiner Formulierung – die nichts anderes als eine Suggestion ist – programmierst du dein Unterbewusstsein.

Beginnen wir mit der Selbsthypnose, ist ganz wichtig, dass du dich in eine stabile Lage versetzt. Lege das Stück Papier, auf das du den Satz geschrieben hast, so vor dich hin, dass du diesen Satz gut lesen und ihn dir immer wieder vorlesen kannst. Bei jedem Mal entspannst du dich mehr, bis du diesen Satz gar nicht mehr lesen musst und deine Augen nicht mehr geöffnet halten willst. Sobald du die Augen nicht mehr geöffnet halten magst, schließt du deine Augen und entspannst dich vollkommen.

Zugleich stellst du dir eine Szene vor, in der sich diese Suggestion verwirklicht, und versuchst dich in diese Szene zu versetzen und dir diese Szene – auch wenn es diese bislang vielleicht noch nie so gegeben hat – mit allen deinen Sinnen vorzustellen, förmlich bis dein Unterbewusstsein wirklich das Gefühl hat, dass die Szene so echt ist und du viele Details wahrnehmen kannst. Lasse diese Szene wie eine Art Film abspielen. Stell dir vor, wie sich deine aufgeschriebenen Suggestionen verwirklichen werden, von dem Zeitpunkt an über die darauffolgenden Tage, Wochen oder gar Monate hinweg. Genieße die Wirkung.

Danach öffnest du wieder deine Augen und lässt die Suggestionen in deinem Unterbewusstsein wirken.

Dies ist schon die ganze Anleitung zur Selbsthypnose. Grundsätzlich ist die Selbsthypnose spielend einfach.

Wichtig ist nur, dass du von der Selbsthypnose kein falsches Verständnis hast. Denn es wäre falsch zu denken, dass du, sobald du die Selbsthypnose durchführst, wegdriftest oder dich im Nachhinein an nichts mehr erinnern würdest. Das kann schon passieren – nämlich, dass du einnickst. Dann kannst du einfach hoffen, dass sie, bis du ausgeschlafen hast, gewirkt hat und du sie ein Stück weit mit in den Schlaf nehmen konntest. Es muss aber überhaupt nicht sein, dass du einschläfst. Es kann sogar das Gegenteil eintreten: In der Hypnose ist deine Gehirnaktivität erhöht, und du solltest grundsätzlich noch viel mehr denken und innerlich wahrnehmen können als im bewussten Wachzustand.

In der Selbsthypnose schläfst du also nicht, sondern bist präsent. Ansonsten wäre es Schlaftherapie und nicht Hypnosetherapie. Doch dein Film spielt sich in diesem entspannten Zustand ab – deine vorab programmierten Suggestionen sowie die programmierte Szene, sodass du damit dein Unterbewusstsein neu prägst. Du kannst die Selbsthypnose gar nicht zu oft anwenden. Wichtig ist mit Sicherheit, dass du sie nur dann anwendest, wenn es dir auch Freude macht und dir guttut.

Durch die mehrmalige Anwendung wird es möglich, den ganzen Film nach und nach immer schneller und schneller abspielen zu lassen. Vielleicht erlangst du von Mal zu Mal auch einen immer tieferen Zustand der Entspannung. Diese Tiefe könnte die Wirkung noch intensivieren. Setze dich nicht unter Druck, um Tiefe zu erlangen, aber konzentriere dich während der Selbsthypnose trotzdem auf deine körperliche und geistige Entspannung. Es entsteht ein Schweregefühl in den Extremitäten, ein Kribbeln in den Fingerspitzen, ein Gefühl der Schwerelosigkeit und ein leichtes Flattern der Augenlider, das oftmals auch als Zittern der Augenlider wahrgenommen wird. All dies sind mögliche Indizien für eine gewisse Hypnosetiefe.

Bedenke, dass du mehrmals täglich in Hypnose bist, ohne dass es dir auffällt. Mach dir also überhaupt keinen Druck dabei. Rede dir auch nicht ein, dass du während der Selbsthypnose nichts denken dürftest – ganz im Gegenteil. Du solltest sehr viel denken, da deine Gehirnaktivität in Hypnose ja deutlich erhöht ist. Du solltest dir sogar, was deinen Film anbelangt, den du in der Hypnose abspielen lässt, viele positive Gedanken machen können und auch so viele Vorstellungen und Details wie möglich wahrnehmen können. Hypnotisiere dich, denn nur du kannst deine eigene Ressource sein.

Anleitung zur Selbsthypnose

Befolge folgende Schritte zur Selbsthypnose, um dein Ziel mittels selbst eingeleiteter Hypnose avisieren und anstreben zu können:

1. Vorarbeit: Fasse deine erwünschten Suggestionen in einem oder zwei Sätzen zusammen, und schreibe diese auf ein Stück Papier.
2. Stabile Lage: Versetze dich in eine stabile Lage, in der du deinen Körper und auch deinen Geist entspannen kannst.
3. Fokus: Lege das Stück Papier vor dir hin und lies deine darauf formulierten Suggestionen immer und immer wieder, bis du schläfriger wirst und deine Augen gar nicht mehr geöffnet halten magst.
4. Innerer Prozess: Stell dir die Verwirklichung der Suggestionen mit allen deinen Sinnen vor. Wie sich die Suggestion vom heutigen Tag an positiv auswirken wird, die nächsten Tage, Wochen und Monate.

Versuche mit jeder Durchführung dieser Selbsthypnose folgende Punkte einzuhalten:

– Jedes Mal noch tiefere Entspannung (geistig und körperlich) erlangen.
– Die Selbsthypnose wie einen Film abspielen zu lassen, ohne dabei die Regie des Filmes überneh-

men zu müssen (mit Ausnahme der allerersten Durchführung).
- Während der Selbsthypnose sind viele Gedanken erlaubt – bei jeder erneuten Durchführung möglichst mehr und mehr Details wahrnehmen.

Sublimierung

Jede autosuggestive Technik ist eine Art »Film«, der in deinem Kopf abläuft. Zugleich entspannst du dich dabei. Dieser Film wird das erste Mal vielleicht noch fünfzehn Minuten dauern. Doch nach dem dreißigsten Mal wirst du schon binnen weniger Sekunden die gleiche Tiefe der physischen und psychischen Entspannung erlangen und auch die gleiche Wirkung erzeugen können wie bei den anfangs längeren Phasen.

Nun möchte ich dir eine von mir adaptierte Autosuggestionstechnik vorstellen.

Da man bei dieser Methode als Therapeut sehr spezifisch auf den Klienten eingehen muss, man sich auf dessen Bilder, Wahrnehmungen und Empfindungen einlassen sollte, erlaube ich mir, dir hier eine von mir veränderte Methode mitzugeben. Natürlich solltest du dich völlig frei fühlen, die Inhalte an deine Person anzupassen, damit es für dich stimmt und dir entspricht.

- Setze dich stabil hin.
- Versuche, dein Problem zu definieren und das damit verbundene Gefühl in deinem Körper zu lokalisieren.
- Schließ dabei die Augen und versuche, das Gefühl, welches mit deinem Problem gekoppelt ist, zu erfühlen. So wird es dir gelingen, das entsprechende Gefühl in deinem Körper zu lokalisieren. Es kann sich als Leere oder eine Form der Enge oder Beklemmung manifestieren.
- Lege eine deiner Hände auf die Stelle, an der du das Gefühl wahrnimmst.
- Zähle innerlich von zehn bis null, und entspanne dabei deinen Körper wie auch deinen Geist. Wenn sich dein Kopf und zugleich deine Nackenmuskulatur entspannen, lässt du deinen Kopf einfach nach vorn fallen, bis dein Kinn auf deiner Brust ruht. Lass deinen Kopf auf keinen Fall nach hinten fallen. Das ist sehr wichtig!
- Atme tief ein und wieder aus. Du sitzt immer noch in der zuvor eingenommenen, stabilen Position.
- Nun erinnere dich an ein Gefühl, das dich unheimlich glücklich gemacht hat. Eine Momentaufnahme aus deinem Leben. Beispielsweise dein erster Kuss oder als du das letzte Mal so richtig verliebt warst. Oder als du eine große Herausforderung mit Bravour gemeistert hast.

- Stell dir jetzt vor, dass dieses Gefühl um dich herum schwebt. Stell dir vor, welche Farbe dieses Gefühl hat. Und dass du es, wie einen sanften Nebel, einatmen kannst.
- Fühle, wie du dieses schöne Gefühl tief einatmest und es den Körper hinabströmt bis zu der Stelle, auf die du deine Hand gelegt hast. Dieses Glücksgefühl nimmt dort den Platz ein und löst die Leere oder die Enge an dieser Stelle in deinem Körper auf. Es macht diese Stelle weit, leicht und erfüllt.
- Beim zweiten Durchlauf fühlt es sich noch intensiver und besser an. Lass dieses positive Gefühl immer schneller und schneller durch deinen Körper fließen. Wiederhole dies so oft, bis das positive Gefühl stark genug ist, um nachhaltig für deine positive Stimmung verantwortlich zu sein.

Was soll mit dieser Methode bewirkt werden? Ganz einfach: Gehen wir davon aus, dass dir dein Problem, welches du beheben möchtest, somatische[5] Anzeichen liefert, ein ungutes körperliches Gefühl auslöst, so ist dieses Gefühl in deinem Unterbewusstsein mit dem Gedanken an die Problematik gekoppelt. In den meisten Fällen liegt eine psychosomatische Koppelung vor.

5 Somatisch bedeutet: »das, was sich auf den Körper bezieht; körperlich«.

Wir können mit dieser Technik bewirken, dass das psychosomatische Gefühl neu eingeordnet und im Unterbewusstsein mit positiven Gedanken und Gefühlen gekoppelt werden kann, sodass bei einem erneuten Gedanken an die Problematik in Zukunft keine derart schlechten somatischen, sprich: auf den Körper bezogenen Gefühle mehr entstehen. Es ist ein neuer Lernprozess deines Unterbewusstseins.

Wende diese Methode immer dann an, wenn du befürchtest, dass ein bestimmtes negatives Gefühl aufkommen oder vielleicht sogar überhandnehmen könnte. Verwende diese Technik aber vorbeugend, um dich und dein Unterbewusstsein zu stärken. Du kannst sie nicht oft genug anwenden.

Der Schalter

Oft höre ich von meinen Klienten, dass sie am liebsten einen Schalter im Kopf deaktivieren möchten, damit das Problem, die Angst oder Sucht, einfach ausgeschaltet wird.

In der Tat gibt es eine entsprechende Methode, mit der man direkt mit dem Unterbewusstsein kommunizieren kann und die Suggestion so platziert, dass wir einen Schalter umlegen, der für eine entsprechende Problematik zuständig ist.

Die Methode, die ich dir dazu liefern möchte, ist eine von mir adaptierte Technik. Hierbei finde ich es einfacher, dir eine Schritt-für-Schritt-Anleitung zu geben, zumal du nun bereits weißt, wie die Autosuggestionstechnik ungefähr funktioniert. Auch hier gilt: Wende diese Technik präventiv an, aber wende sie besonders dann an, wenn du befürchtest, dass dein Problem dir erneut Sorgen bereiten könnte.

Übung: Der Schalter

- Gehe in eine stabile Position. Im Idealfall legst du dich irgendwo hin, wo du dich sicher fühlst.
- Schließe deine Augen und versuche, dich, deinen Körper und deinen Geist zu entspannen. Immer mehr und mehr.
- Sobald du bereit bist, stellst du dir vor, du könntest in dein Kopfinneres blicken.
- Stell dir Hunderte von Schaltern in deinem Kopfinneren vor. Jeder Schalter ist für ein gutes Gefühl verantwortlich. Einige wenige dieser Schalter allerdings lösen schlechte Gefühle in Situationen aus, in denen es für dieses schlechte Gefühl keinen Grund gibt.
- Stell dir vor, wie du den einen Schalter sehen kannst, der auf »EIN« gestellt ist, obschon er gar nicht in dieser Position sein sollte. Stell dir vor, wie du diesen Schalter drückst und wie das damit verbundene schlechte Gefühl verschwindet.
- Stell dir vor und konzentriere dich darauf, dass dieser Schalter ausgeschaltet bleibt, und genieße das erlösende Gefühl.
- Öffne deine Augen, und genieße den Zustand.

Solltest du dir einmal in einer bestimmten Situation unsicher sein, ob der Schalter noch auf AUS steht, oder möchtest du kurz vor einer geistig entscheidenden Situation vorbeugend den Prozess erneut durchspielen, um dir die Sicherheit zu geben, dass der Schalter immer noch auf AUS steht, so mache Folgendes:

- Schließe erneut die Augen, und entspanne dich in dieser stabilen Position sogleich doppelt so sehr wie beim letzten Mal.
- Wandere mit deinem inneren Blick an die Stelle, an der dein Schalter sitzt.
- Versuche herauszufinden, ob der Schalter immer noch auf AUS steht.
- Steht der Schalter noch auf AUS, so brauchst du gar nichts zu unternehmen.
- Steht der Schalter wieder auf EIN, so versuche herauszufinden, weshalb er wieder auf EIN steht. Versuche, eine Lösung zu finden, wie du den Schalter langfristig auf AUS stellen kannst.
- Sobald du eine Lösung gefunden hast, stelle den Schalter auf AUS.
- Öffne die Augen, und genieße den Zustand.

Ziel: Deaktivierung negativer Autosuggestionen sowie neuer unterbewusster Lernprozess.

Du wirst staunen, welche Wirkung diese Methode auf dein Unterbewusstsein haben kann.

Das Auflösen negativer Selbsthypnose

Genauso wie man alle Energien auf unserer Welt in negativer, missbräuchlicher Hinsicht verwenden kann, gibt es glücklicherweise auch immer eine positive Form der Energie. Das gilt auch für die Hypnose.

So schätze ich es beispielsweise sehr, dass ich vielen Menschen mittels meiner Hypnosetherapie bei der Bewältigung von Süchten, Ängsten und anderen Anliegen helfen kann. Die Hypnose ist ein wunderbares Phänomen, durch welches es uns gelingt, im Unterbewusstsein des hypnotisierten Menschen neue Gefühle und Vorstellungen aufkommen zu lassen. Diese können letztendlich auch die Denkweise und das Verhalten des Menschen positiv beeinflussen. So können wir mithilfe der Hypnosetherapie Menschen, die unter Flugangst leiden, in Bezug auf das Fliegen völlig neue, positive Gefühle und Vorstellungen suggerieren, welche vom Unterbewusstsein auch dankbar aufgenommen und umgesetzt werden. Es ist möglich, bei Menschen, die ein Suchtverhalten aufweisen, eine Abneigung gegen die süchtig machende Substanz herbeizuführen.

Wir können die Hypnose aber auch in unserem Alltag sehr positiv erleben. So kann sich beispielsweise eine Sportmannschaft in der Garderobe, noch vor einem Wettkampf, derart positive Autosuggestionen geben, dass sie letztendlich den Wettkampf auch gewinnen wird. Das heißt, die Sportler beeinflussen sich in ihrem Optimismus, ihrem Durchhaltevermögen und ihrer Überlegenheit gegenseitig. Sie entwickeln unheimlich starke Gefühle der Siegeslust. Gefühle des Triumphes.

Ebenso kann eine Mutter ihre Tochter mit positiven Worten wie: »Du bist unglaublich schlau – wann auch immer es ein Problem gibt, findest du eine optimale Lösung« so sehr in positiver Weise hypnotisieren, dass sich dieses Mädchen ein Leben lang auch selbst glauben wird, dass es äußerst intelligent und lösungsorientiert ist. So wird dieses Mädchen auch als Erwachsene aufgrund der unterbewusst vorhandenen Suggestion der Mutter selbst dann fantastische Lösungen finden, wenn alle anderen bereits aufgegeben haben.

Die Hypnose ist ein Wunder der Natur. Und diese Fähigkeit, unser unterbewusstes Denken positiv beeinflussen zu können, hat mit Jahrmarkt-Hypnosen und deren Mythen nur sehr wenig zu tun.

Ebenso wie wir uns gegenseitig hypnotisieren können, ist es auch möglich, uns selbst zu hypnotisieren. Uns Menschen ist die Fähigkeit gegeben, uns selbst Vorstellungen und Gefühle so lange zu suggerieren, bis diese für uns wahr werden. Natürlich werden diese meist nicht objektiv wahr – jedoch für uns selbst, subjektiv.

Ein Beispiel hierfür sind die Selbsthypnosen bezüglich unserer eigenen Persönlichkeit. So suggerieren sich viele Menschen eine besonders negative Eigenschaft so lange, bis sie selbst glauben, dass sie diese besitzen. Denn wenn wir uns eine bestimmte Tatsache lange oder intensiv genug einreden, glauben wir diese mit der Zeit.

Ein Beispiel hierfür ist der Mann, der sich einredet, dass immer dann, wenn er kurz vor seinem beruflichen Erfolg steht, ihm irgendjemand oder irgendetwas einen Strich durch die Rechnung macht. Wenn sich der Mann dies oft und intensiv genug vorstellt, so wird diese Vorstellung für ihn wahr werden, weil sein Unterbewusstsein nur noch von dieser Vorstellung ernährt wird und sich förmlich nur noch dieser Vorstellung hingeben kann. Seinem Unterbewusstsein werden keine anderen Vorstellungen angeboten, auf die es zugreifen könnte. Der Mann, der sich diese bestimmte Eigenschaft zuspricht, läuft Gefahr, diese Eigenschaft selbst wahr werden zu lassen, indem er, wenn der Erfolg vor der Tür steht, förmlich etwas sucht, was ihm den Strich durch die Rechnung machen könnte. Sei es eine zu hohe Rechnung, die ins Haus flattert und existenzielle Ängste in ihm hervorruft. Oder ein Beziehungsstreit, welcher seine Aufmerksamkeit fordert und in ihm den Anschein erweckt, als würde sein Schicksal seinen Erfolg zu verhindern versuchen. Bis hin zu seinen eigenen Gedanken, die ihm – sollte das Schicksal zu gut zu ihm sein – in seiner Behauptung recht geben könnten. Ein eigener, negativer Gedanke, der in ihm Ängste aufwirbelt, die ihn auf einmal scheinbar daran hindern, am Ball zu bleiben. Bis er letztendlich wieder mal kapitulieren muss.

Und wenn es rein gar nichts gibt, das seinen Glaubenssatz bestätigen könnte, so redet er sich ein, dass sein Glück nur eine Ausnahme ist, die nicht von allzu langer Dauer sein kann. Er redet sich dies so lange ein, bis sein Glück wieder ein Ende nimmt. Schließlich hatte er sich diesen Ausgang ja prophezeit. Eine klassische »self fulfilling prophecy«.

Bei Frauen sieht es nicht anders aus. Ein Beispiel für die weibliche Seite könnte das der Frau sein, die sich einredet, sie würde von all ihren Partnern betrogen und würde nie den richtigen Mann finden. Sie glaubt, dass alle Männer eine betrügerische Seite in sich hätten, die sie vorerst vertuschen und die sie – die Frau – letztendlich entlarvt. Wenn sich die Frau diese Suggestion lange und oft genug sagt, wird sie selbst dafür sorgen, dass ihre Suggestion für sie wahr wird. Dann wird eine kleine Lüge auf einmal zu einem massiven Vertrauensmissbrauch. Sozusagen zu einer Art Betrug. Und jede entsprechende Geste des Partners, jeder falsche Blick, jedes unpassende Wort, jede Meinungsäußerung hinsichtlich Treue wird auf einmal als unbewusster Hinweis auf seine betrügerische Seite umgemünzt. Selbst dann, wenn der Mann sich sehr treu und vertrauenswürdig verhält, würde jene Frau mutmaßen, dass diese intensive Art der Treue nicht real sein kann, sondern lediglich eine verräterische Vorspiegelung falscher Tatsachen.

»Ein Mann, der sich so treu gibt, vertuscht damit nur,

dass er in Wirklichkeit untreu ist« könnte die aus der hinderlichen Selbsthypnose gefolgerte Schlussfolgerung in einem solchen Moment sein.

Wer sich selbst in hinderlicher Weise hypnotisiert hat, sich etwas einredet, erwacht leider oft erst viel zu spät aus der Selbsthypnose. Menschen, die sich in gewissen Angelegenheiten bestimmte pauschale Grundsätze suggerieren oder einer bestimmten Behauptung eine hohe Aufmerksamkeit schenken, schaffen förmlich eine Art Radar rund um diesen Gedanken. Und alles, was in der Nähe dieses Gedankens ist, scheint diesen Gedanken zu bestätigen. Selbst Gegenbeweise werden scheinbar entlarvt und werden als ein Indiz für die Behauptung, die sich die Menschen einreden, gewertet.

Wenn also der Mann gelobt wird, der sich einredet, dass er immer in seinem Erfolg gehindert wird, so wird er diese Form der Anerkennung als einen Beweis für seinen Misserfolg sehen. Er redet sich ein, dass man ja nur die Menschen derart lobt, die im Grunde erfolglos sind und die man – ähnlich wie bei Kindern – motivieren möchte, nicht aufzugeben.

Ebenso bei der Frau, die sich einredet, sie würde von all ihren Partnern betrogen. Beweist ihr wirklich treuer Partner seine Treue, indem er keine anderen Frauen beachtet, so redet sich die Frau ein, dass dies nur eine Masche sei, um sein Verlangen nach anderen Frauen zu vertuschen.

Und wenn mal ein Gegenbeweis nicht in einen Beweis für die eigene Behauptung umgeformt werden kann, so wird dies als Ausnahme abgetan. Eine Ausnahme, die das eigene Weltbild nicht ins Schwanken bringen kann, wenn die Selbsthypnose stark genug ist.

Wer sich selbst hypnotisiert, gibt einem gewissen Gedanken, einer Einstellung, Pauschalisierung oder gar dem eigenen Weltbild so viel Aufmerksamkeit, dass nur noch diese als wahr erscheinen. Ein Grundgesetz, das wir alle kennen. Wir alle, jeder Einzelne von uns, hypnotisieren uns selbst. Einige von uns sogar tagtäglich. So beispielsweise Menschen, die sich einreden, sie würden bereits am Vorabend merken, dass sie am darauffolgenden Tag krank werden. Und die zum eigenen Erstaunen wirklich am folgenden Morgen krank – mit Fieber, Schnupfen, Kopfschmerzen oder dergleichen – aufstehen. Menschen, die sich einreden, sie seien nicht gut genug, und dies überall widergespiegelt bekommen – vom Arbeitgeber, vom Partner und von der eigenen Familie. Oder Menschen, die sich einreden, sie zögen ständig die falschen Menschen an – und tatsächlich durch die sich selbst erfüllende Prophezeiung davon überzeugt werden, weil sie förmlich nur noch die »falschen«, »nicht passenden« Seiten jener Menschen suchen, bis sie diese gefunden haben.

Vereinfacht könnten wir sagen: Hypnotisieren wir uns selbst, so reden wir uns selbst etwas bewusst oder unbewusst ein und suchen diese subjektiven »Wahrheiten« um uns herum so lange, bis wir sie gefunden haben. Dies kann ganz bewusst vonstattengehen, aber auch ganz unbewusst.

Selbsthypnosen – sprich: sich subjektive Wahrheiten so lange einzureden, bis man sie selbst glaubt – entsprechen im Grunde einer fantastischen Eigenschaft der Menschen. Es ist eine Fähigkeit.

Eine Fähigkeit ist nur dort möglich, wo Energie ist. Und Energie kann man in negativer wie in positiver Weise nutzen. So gibt es Menschen, die das energiereiche, chemische Element Uran zu destruktiven Zwecken – wie dem Bau von Atombomben – verwenden, andere jedoch sehen Uran als energiespendendes Element, um Strom herzustellen, den man zu positiven Zwecken verwenden kann. Ähnlich verhält es sich mit Selbsthypnosen. Es gibt Menschen, die sich selbst derart tief und negativ hypnotisiert und die dadurch ein eigenes Weltbild erschaffen haben, in dem andere Menschen, die Teil jenes Weltbildes sind, leiden müssen. So zum Beispiel, wenn ein Stereotyp – ein Vorurteil gegenüber anderen Menschen – Teil der Selbsthypnose ist und diese Menschen dann aufgrund des Stereotyps leiden müssen.

Wenn wir uns jedoch auf die positive Eigenschaft der Selbsthypnose fokussieren, so erkennen wir, dass uns gerade die Fähigkeit der Selbsthypnose oftmals erst das Durchhaltevermögen gibt, das wir brauchen. Die Leichtigkeit gibt, die wir brauchen. Die Selbstverständlichkeit gibt, die wir brauchen. Denn die Selbsthypnose kann genauso in äußerst positiver Hinsicht wirksam sein.

So war die Selbsthypnose schon eine treibende Kraft, die vielen Pionieren dazu verhalf, stark zu bleiben, trotz hinzunehmender Rückschläge. Und auch Sportler, die sich selbst sagen, dass sie den Wettkampf gewinnen werden, und die trotz geringer Chance das Blatt letztendlich noch wenden und gewinnen, haben sich selbst hypnotisiert.

Menschen, die sich schon von klein auf zugesprochen haben, dass sie, wenn sie mal erwachsen sind, jenen ganz bestimmten Beruf haben werden, und dies letztendlich auch geschafft haben, trotz manch knappen Notendurchschnitts im Schulzeugnis.

Die Fähigkeit, uns selbst zu hypnotisieren, ist eine treibende Kraft, die uns den Glauben an das, was wir uns selbst zusprechen, gibt. Das ist die angenehme Seite der Selbsthypnose, die unbedingt so beibehalten werden soll.

Wenn wir uns selbst analysieren und unsere eigenen Ängste und Sorgen durchleuchten, muss sich vielleicht manch einer von uns eingestehen, dass diese Ängste und Sorgen Teil unserer eigenen Selbsthypnosen sein könnten. Dass manch einer von uns so tief im Glauben an die eigene Realität ist, dass nur noch diese für ihn wahr zu sein scheint. Eine Tatsache, der selbst die besten Ärzte und Wissenschaftler ins Auge sehen mussten. So sagt uns beispielsweise der wissenschaftliche Welle-Teilchen-Dualismus[6], dass Licht ebenso als elektromagnetische Welle betrachtet werden kann wie als Materie. Das bedeutet, Licht scheint sich nicht nur in Form von Wellen auszubreiten, sondern auch als Teilchen ersichtlich zu sein. Licht soll Materie ebenso wie eine Welle sein. Wissenschaftler fan-

6 Der Welle-Teilchen-Dualismus ist eine Erkenntnis der Quantenphysik, wonach den Objekten der Quantenphysik gleichermaßen die Eigenschaften von klassischen Wellen wie die von klassischen Teilchen zugeschrieben werden müssen.

den heraus, dass das Licht für uns immer die Eigenschaft aufweist, als die wir es betrachten möchten. Wird ein Experiment so gestaltet, dass wir Licht als Teilchen betrachten möchten, so werden wir Teilchen sehen können. Möchten wir jedoch Licht als eine elektromagnetische Welle sehen, so werden wir Interferenzmuster, das heißt sich überlagernde Wellenabbildungen, sehen können.

Es war unter anderem Einsteins Relativitätstheorie, die die Wissenschaft aufgerüttelt hat, Vorstellungen zu generieren, die eben nur relativ real sein können. Wie die Annahme, dass die Zeit in Bewegung langsamer vergeht als im Stehen. Eine Raum-Zeit-Theorie, die eine völlig neue Interpretation der Relationen von Zeit und Raum forderte und die heute unabdingbar ist für die Präzisionsarbeit mit Satelliten. Jeder Mensch, der schon mal ein Navigationssystem genutzt hat, hat diese präzise Lokalisierung Einsteins Relativitätstheorie zu verdanken. Denn ohne diese Theorie gäbe es keine nachhaltige, metergenaue Lokalisierung.

Und wenn selbst in der Wissenschaft die Relativität als ein greifbarer Parameter für unsere Realität angesehen wird, so glaube ich, dürfen auch wir uns in unserem Alltag erlauben, gewisse Tatsachen zu relativieren.

Fällt uns also auf, dass immer wiederkehrende Sorgen und Ängste unseren Geist unnötig beanspruchen, so ist der Gedanke an eine mögliche Selbsthypnose sinnvoll.

Es ist die Relativität, die unsere Wahrheit schafft. Es ist unsere Relativität zu bestimmten Erfahrungen, die wir sammeln durften und sammeln mussten, die unsere eigene Realität so relativ macht.

Wenn wir die Herkunft des Wortes »relativ« betrachten, so stoßen wir auf das Lateinische »referre« in der Bedeutung von »sich auf etwas zurückwenden, etwas zurückbringen«, aus den Bestandteilen »re-« für »zurück« und »ferre« für »bringen, tragen«. Daraus entstand das lateinische »relatus« für »zurückgewandt« und das lateinische »relativus« für »sich auf etwas beziehen«. Wenn wir also unsere eigens erschaffenen Realitäten für uns etwas relativieren, so beziehen wir uns zurück – zurück auf unsere eigenen Erfahrungen, Prägungen, Schicksalsschläge. Wir beziehen uns dann auf alles, was wir erlebt haben, und schaffen uns dadurch unsere eigene Realität, die gar oft fernab jeglicher objektiver Realität stehen kann. Letztendlich kommen wir zur Einsicht, dass eine Objektivität, wie wir uns diese vorstellen, wohl kaum möglich zu sein scheint.

Bevor wir uns also wegen einer Sorge, einer Angst oder einem sonstigen bedrückenden Anliegen den Kopf zerbrechen oder wir uns in negative Gemütszustände hineinsteigern, ist es durchaus sinnvoll, zuerst mal die eigene Realität zu hinterfragen und zu erkennen, weshalb diese Realität für uns so wahr zu sein scheint. Wenn wir dann erkennen, dass wir vergleichbare Erlebnisse schon mal so erfahren haben, so ist durchaus denkbar, dass unser Unterbewusstsein aufgrund von negativen Erfahrungen eine Art Schablone geschaffen hat. Eine Schablone, die uns in zukünftigen, ähnlichen Situationen vermeintlich Halt und Sicherheit zu geben scheint. Deshalb ist dann der Verdacht auf eine negative Selbsthypnose besonders groß, wenn eine Sorge oder Angst so bereits schon mal vorgekommen ist, weil dann jedes ähnliche, vergangene Erlebnis unterbewusst von unserer Kognition analysiert und dementsprechend eine vorsorgende Schablone kreiert wird. Diese Schablonen werden von unserem Unterbewusstsein ausgeschmückt und zugleich präzisiert.

Ich hatte Menschen in meinen Therapiesitzungen, deren unterbewusste Schablonen wie folgt lauteten: »Immer genau am 13. Tag, nachdem ich beschlossen habe, mit dem Rauchen aufzuhören, beginne ich wieder, weil das Verlangen unausweichlich groß wird« oder »Ich kann wunderbar einschlafen, aber immer von Dienstag auf Mittwoch habe ich Schlafstörungen«, bis hin zu tiefer schürfenden Schablonen wie »Immer dann, wenn ich für einen Mann mein Herz öffne, werde ich zutiefst verletzt« oder »Immer dann, wenn im Job alles bestens läuft, läuft es dafür in der Beziehung umso schlechter«.

All dies sind Pauschalisierungen. Es sind Schablonen. Schablonen, die unser Unterbewusstsein aufgrund entsprechender Erfahrungen geschaffen hat und die uns Sicherheit zu geben scheinen, aber in Wirklichkeit genau das Gegenteil bewirken, weil wir den Schablonen ständig recht geben müssen, obwohl sie im Grunde mehrheitlich gar nicht recht hätten. Weil wir den vorgefertigten Schablonen entsprechen müssen.

Sobald wir also den Verdacht hegen, dass wir uns selbst hypnotisieren, ist es durchaus eine sinnvolle Maßnahme, zu versuchen zu erkennen, inwiefern die eigene Schablone wirklich stimmig ist. Und haben wir all die Argumente gefunden, die uns das Gegenteil beweisen, so sollten wir unserem Unterbewusstsein etwas unter die Arme greifen und uns bewusst vermehrt aufzeigen, dass das Gegenteil der eigentlichen Schablone ebenso wahr sein kann.

Das Gegenteil von dem, was sich unangenehm anfühlt, ist folglich das, was sich angenehm und positiv anfühlt. Das Gute. Das Schöne. Das, was unser Leben uns ebenso und meist in viel stärkerem Maße ermöglicht, als es uns bewusst zu sein scheint.

Je häufiger wir unserem Unterbewusstsein aufzeigen, dass die von ihm erstellte Schablone keineswegs stimmt, sondern dass sie völlig veraltet ist und widerrufen wird, desto eher stellt sich bei uns die Gelassenheit ein. Die Ruhe in uns, die uns erlaubt, fröhlich zu sein. Die Ruhe in uns, die uns erlaubt, das Leben auch in all seinen positiven Facetten genießen zu dürfen und vermeintliche Gefahren entlarven zu können.

Wer sich selbst wachrüttelt, hat doch viel mehr vom Leben, als wer in den eigenen Illusionen gefangen das Leben an sich vorbeiziehen lässt.

Auflösen von negativen Selbsthypnosen

Wer sich immer wieder aufgrund negativer Gedanken, Sorgen oder Ängste den Kopf zerbricht oder sich in unangenehme Gefühle hineinsteigert, könnte vermutlich in einer Art negativer Selbsthypnose sein. Diese manifestiert sich in von unserem Unterbewusstsein vorgefertigten Pauschalisierungen und Schablonen, die im Idealfall durch folgende Schritte aufgelöst werden können:

– Erklärung am Fallbeispiel
  »Mein Partner verletzte mich durch seine ignorante Art, mir und meinen Sorgen keine Beachtung zu schenken. Immer dann, wenn ich für einen Mann mein Herz öffne, werde ich von ihm zutiefst verletzt.«
– Negative Selbsthypnose erkennen
  Um eine negative Selbsthypnose auflösen zu können, müssen wir diese zunächst erkennen. Dafür orientieren wir uns an zwei besonderen Eigenschaften negativer Selbsthypnosen:

1. Prägendes in der Vergangenheit
   Negative Selbsthypnosen bergen zusammenfassende »Grundsätze« in sich, welche oftmals mit bereits frühen Prägungen einhergehen. Sind also entsprechend negative Ereignisse schon in der Vergangenheit so vorgekommen, so könnte die Selbsthypnose eine Folgewirkung dieser negativen Ereignisse sein. Bsp.: »Schon früher in der Schule und während der Ausbildung war es so, dass man mich dann ausnutzte, wenn ich anderen helfen wollte. Borgte ich zum Beispiel jemandem aus Mitleid Geld, bekam ich es nie mehr zurück.

Man verletzte mich dann, wenn ich besonders gefühlvoll war.«

Grundsatz:
Negative Selbsthypnosen werden oftmals in Form von globalen Schablonen und Grundsätzen geäußert. Liegt ein solcher Grundsatz vor? Meist kommen dabei Worte wie »immer« oder »nie« drin vor. Bsp.: »Immer dann, wenn ich für einen Mann mein Herz öffne, werde ich zutiefst verletzt«, wobei der herleitende Grundsatz wohl lautet: »Immer dann, wenn ich mich verletzbar mache, werde ich auch verletzt«.

2. Die negative Selbsthypnose widerlegen
   Wir widerlegen für unser Unterbewusstsein, aber auch für unser Bewusstsein die hergestellten Schablonen, indem wir uns selbst aufzeigen, dass diese nicht stimmen. Wir zeigen uns auf, dass das Gegenteil der jeweiligen Grundsätze ebenso richtig sein kann.

Dies tun wir in zwei Schritten:

Schablone in der Vergangenheit widerlegen:
Rückblickend schauen wir uns vergangene Ereignisse an und können diese aufgrund der Tatsache, dass wir nicht mehr in den entsprechenden Situationen sind, viel distanzierter betrachten. Dies ermöglicht es uns, viel leichter in den jeweiligen, damals erlebten Situa-

tionen zu erkennen, dass auch das Gegenteil der jeweiligen Schablonen hätte wahr sein können. Bsp.: »Ich erinnere mich an einen Mitschüler, dem ich Geld borgte, der mir aber mal beim Lernen des Schulstoffes half, als ich hilflos war, weil ich den Unterrichtsstoff nicht verstand. Folglich half man mir, obschon ich mich durch meinen Hilferuf verletzlich machte. Und ich kann mich an einen Ex-Partner erinnern, der mir, als ich von meiner besten Freundin hintergangen wurde, dabei half, wieder Boden unter den Füßen zu fassen. Man half mir also auch dann, wenn ich meine tiefsten Ängste, Sorgen und Gefühle offenbarte.«

Dieselbe Schablone im Hier und Jetzt widerlegen: Vergleichen wir den vergangenen Moment mit der Gegenwart, so erkennen wir durch die Parallelen und durch die Möglichkeit der Widerlegung, dass dieselbe Schablone auch in der Gegenwart nicht wahr sein muss. Dadurch sehen wir ein, dass das Gegenteil von dem, was uns die Schablone suggerieren möchte, ebenso wahr sein kann. Bsp.: »Mein Partner verletzt mich folglich nicht durch seine ignorante Art, sondern möchte mir dadurch helfen, weil er mir den Raum für mich selbst geben will, den ich brauche, um meine Sorgen verdauen zu können. Es ist seine Art, mir zu helfen. Und würde ich ihn um Hilfe bitten, so würde er mir Mut und Zuversicht zusprechen. Wenn ich also mein Herz öffne, hilft man mir – wie auch mein Partner mir hilft, indem er mir den Raum gibt, den ich brauche.«

Wer sein Unterbewusstsein auch vom Gegenteil überzeugen kann, wird dadurch die negative Schablone beiseitelegen können und die Vorzüge der Freiheit von negativen Grundsätzen genießen können. Und wer die Worte »immer« und »nie« aus von negativen Gefühlen geprägten Sätzen streicht, wird erkennen, wie wunderbar das Leben so ganz relativ sein kann.

Vom Rad fallen, aufstehen, weiterfahren

Wenn wir uns von Ängsten befreien möchten, so kann uns hierbei die Vorstellungskraft behilflich sein. Das Unterbewusstsein kann nach prägenden Ereignissen insbesondere mithilfe von inneren Bildern – der Vorstellung – bei der Positivierung unterstützt werden. Nämlich indem wir uns das vorstellen, was wir uns im Grunde wünschen. Das Kind, das vom Rad gestürzt ist, sollte sich vorstellen, wie es angstfrei Fahrrad fährt. Und wir Erwachsenen sollten uns, wenn wir von einer Angst heimgesucht werden, vorstellen, wie wir ganz angstfrei das tun können, was wir uns wünschen.

Selbst die Neurowissenschaft spricht von der Wirkung der inneren Bilder. Bis hin zu Studien, welche sich mit der anatomischen Veränderung des Gehirns rein durch die Arbeit mit inneren Bildern auseinandersetzen.

Wer sich folglich seinen Wunsch-Zustand oder sein Wunsch-Ziel innerlich sehr intensiv vorstellt, spricht in diesem Moment mit dem eigenen Unterbewusstsein, besänftigt und beruhigt dies und führt es zur Quelle des Positiven.

Vieles, was bisher nicht möglich schien, wird auf einmal spielend leicht – doch wie soll etwas möglich werden, was noch nicht mal in der Vorstellung existiert.

Aus der Vorstellung gestalten wir unsere Realität. Realität werden kann nur, wovon ich eine Vorstellung habe. Selbst in dem Moment, in dem ich mit einer Realität konfrontiert werde, brauche ich ein Verständnis von dem, was gerade vorfällt. Ich brauche Vorstellungen, damit ich überhaupt Teil dieser Realität werden kann.

Stellt man sich etwas vorerst mal nur vor, weiß das Unterbewusstsein bereits Bescheid über die Möglichkeit des Machbaren. Die Vorstellung ist einer der wichtigsten und stärksten Kräfte überhaupt. Stärker als die »Realität«. Stärker als jede Objektivität. Stärker als der Zweifel.

Und selbst der Zweifel kann positiv sein – wenn seine implizierte Vorstellung positiv ist.

Als Hypnosetherapeut habe ich auch vielen Menschen bei der Befreiung von einer negativen Denkweise sowie Ängsten helfen können, gegen die sie bereits seit Jahrzehnten ankämpften. Und die Vorstellung, dass das jeweilige Muster derart »mächtig« sei, hatte sich für jene Klienten sogar bewahrheitet – weil sie bei sämtlichen vorangehenden Sitzungen bei anderen Therapeuten keine Erfolge verzeichnen konnten.

Dann kamen sie zu mir. Mit dem Zweifel, dass eine einzige Sitzung wohl kaum ausreichen würde, um von ihrer negativen Denk- und Verhaltensweise völlig befreit zu sein.

Und doch. Eine einzige Sitzung kann reichen. Muss nicht, aber kann. Sogar trotz der angestellten Zweifel. Der

Zweifel ist in diesem Fall ein sehr dankbarer und positiver Zweifel. Weil er die Wunsch-Vorstellung beinhaltet. Und weil die Hypnose scheinbar Unmögliches möglich macht, haben sich diese Klienten zum ersten Mal ernsthaft vorstellen müssen, wie es wäre, wären sie nach einer Sitzung befreit, und ihre Zweifel wirklich wahr würden. Und genau diese Vorstellung, dass nach nur einer Sitzung alles Negative weg sein könnte, war der Vorsprung des Unterbewusstseins, der beinahe Wunder bewirken kann.

Wer sich sein Ziel lediglich vorstellt, ist diesem Ziel bereits einen Schritt näher. Dies ist unser Unterbewusstsein. Unser Geist. Unser Potenzial.

Stell dir nun vor, wie dir deine eigene Vorstellung des Wunsch-Zustandes oder Wunsch-Zieles dabei behilflich sein wird, dein Ziel zu erreichen. Und stell dir vor, wie diese Vorstellung alleine dir die Möglichkeit verschafft, dich von deiner unerwünschten Denkweise zu befreien.

Dein Wunsch-Ziel kann für dein Unterbewusstsein nur existieren, wenn du ihm eine Vorstellung gibst. Stell dir also vor, wie es wäre, wäre es so, wie du es dir wünschst. Und fühle, wie dein Unterbewusstsein ganz von selbst versuchen wird, dir diesen Wunsch zu erfüllen.

Sich den inneren Ängsten stellen: der Werwolf

Jeder Mensch hat Ängste. Jeder Mensch hat negative Gedanken. Der eine häufiger, der andere seltener. Der eine über etwas längere Zeit, der andere jeweils nur kurz. Beim einen sind sie sehr gefühlsintensiv, beim anderen nur an der Oberfläche.

Gedanken können bewusst wie unbewusst ablaufen. Sie können absichtlicher wie unabsichtlicher Natur sein. So gibt es Gedanken, die bewusst und absichtlich einherkommen. Doch es gibt auch Gedanken, welche unbewusst und unabsichtlich aufkommen.

Menschen, die beispielsweise plötzliche Ängste oder sogar Panikattacken erleiden, sind Zeugen der Macht des Unterbewussten. Denn das Unterbewusstsein ist die Instanz unseres Geistes, die Gefühle und Vorstellungen an die Oberfläche projiziert. Besonders unangenehm ist dies, wenn dadurch vorhandene Verletzungen bei uns Gefühle, Gedanken oder gar Verhaltensweisen ans Licht bringen, die wir eigentlich gar nicht haben möchten.

Wenn Menschen beispielsweise in den Fahrstuhl einsteigen und auf einmal keine Luft mehr bekommen. Klaustrophobie – die Angst, eingesperrt zu sein.

Oder Menschen, die ins Flugzeug einsteigen und wahrnehmen, dass nicht nur auf einmal der Puls in die Höhe schnellt, sondern ihnen auch der kalte Schweiß den Rücken hinabfließt. Dass ein Zittern in ihnen aufkommt und eine Angst, die letztendlich dazu führt, dass sie das Flugzeug wieder verlassen müssen.

In solchen und vergleichbaren Fällen werden die Betroffenen Zeuge, wie viele Gedanken unterbewusster Natur sind und sich letztendlich nur in bewusst wahrnehmbaren Gedanken, Gefühlen und Verhaltensweisen äußern. Wie zuletzt auch in Form psychosomatischer Anzeichen. Signale, welche psychisch bedingt sind, aber sich über den Körper sichtbar machen.

In den meisten Fällen sind unsere negativen Gedanken mit unangenehmen Gefühlswahrnehmungen verknüpft. Gefühle, welche sich meist im Bauchbereich, im Bereich des Brustkorbes oder im Halsbereich bemerkbar machen. Gefühle wie das der Angst. Gefühle der Unsicherheit. Gefühle der Hilflosigkeit. Die einen fühlen in vergleichbaren Momenten ein Zuschnüren des Halses. Andere wiederum verspüren eine Art Druck oder Enge im Brustbereich. Andere hingegen fühlen eine Schwere oder Leere im Bauchbereich.

Ängste und Sorgen können sich in vielen möglichen Facetten bemerkbar machen. Auch gibt es Ängste und Sorgen, die sich ausschließlich in Form negativer Gedanken bemerkbar machen.

Ganz unwichtig, wie sich die Ängste und Sorgen zeigen – sobald sie überhaupt bemerkbar sind, so haben sie bereits das eigene Unterbewusstsein durchlaufen und sind vom Unterbewusstsein an die Oberfläche projiziert worden. Auf diese Weise kommuniziert das Unterbewusstsein mit dem Bewusstsein.

In der Rollenaufteilung nimmt das Unterbewusste als der größte Anteil unseres Geistes die Rolle des kleinen Kindes ein, das noch nicht wirklich kritisch hinterfragen kann, was nun wahr und gut ist und was nicht. Das Unterbewusstsein folgt in erster Linie den Gefühlen und fasst alles in Form von Gefühlen und Vorstellungen zusammen.

Das Bewusstsein hingegen nimmt die elterliche Rolle ein, die analysiert und bewertet. Die elterliche Instanz, die kritisch hinterfragt, was für das eigene Kind – das Unterbewusstsein – gut ist und was nicht.

Das Bewusstsein ist die Instanz der Vernunft. Der Kopf. Die elterliche Instanz.

Das Unterbewusstsein ist die Instanz des Fühlens. Der Bauch. Das innere Kind.

Wenn aufgrund einer Angst oder Sorge ein unangenehmes Gefühl oder eine unangenehme Denk- und Verhaltensweise aufkommt, so ist dies das innere, geprägte Kind, das sich bemerkbar macht. Das Unterbewusstsein projiziert aufgrund schlechter Erfahrungen diese negativen Gefühle, um möglichst zu verhindern, dass eine ähnliche schlechte Erfahrung nochmals erlebt werden muss. Vergleichbar ist dies mit dem inneren Kind, welches tobt, sich auf den Boden wirft und zappelt oder einfach nur aus

Angst förmlich gelähmt ist, zittert und von der Angst überwältigt wird.

Ganz unwichtig, welche Anzeichen unser inneres Kind zeigt – es sind Anzeichen, die nur dem eigenen Schutz dienen. Dem Schutz vor negativen, wiederkehrenden Erfahrungen.

Je nach Anliegen und Gefühlslage des inneren Kindes ist auch die Denk- und Verhaltensweise oftmals abweichend. So reagieren Menschen, die eine tiefe Angst verspüren, ganz anders als Menschen, welche beispielsweise einer Sucht verfallen.

Würde man in den entsprechenden Momenten in das eigene Ich hineinblicken und das innere Kind sichtbar machen können, so würden die inneren Kinder jeweils ganz unterschiedlich reagieren. Bei der Angst würde das innere Kind beispielsweise – rein als bildhafter Vergleich – in sich zusammengekrümmt in der embryonalen Stellung daliegen, zittern und versuchen, den Körper zu beruhigen und die schlechten Gedanken zu lindern.

Beim Suchtverhalten hingegen würde das innere Kind bildhaft auf den Boden stampfen, schreien und Dummheiten anstellen, nur weil ihm das verwehrt wird, was es möchte.

Ein ganz besonderer, positiver Aspekt unseres inneren Kindes ist dessen Ehrlichkeit und Transparenz. Unser inneres Kind hat keine Scheu, seine Bedürfnisse und Gefühle preiszugeben. Es zeigt auf, was es möchte – macht deutlich, was es nicht möchte, und lässt sämtlichen Gefühlen freien Lauf.

Der etwas unangenehme Aspekt unseres inneren Kindes ist der, dass es noch zu wenige Erfahrungen hat, um gewisse Dinge kritisch hinterfragen zu können. Es wird viel zu schnell von einer einzigen Erfahrung eingenommen. So kann ein Kind beispielsweise derartige Freude an Süßigkeiten haben, dass es diese eine Erfahrung nun möglichst lange und möglichst oft erleben möchte und am liebsten Tag und Nacht Süßigkeiten essen würde, unwissend, dass zu viele Süßigkeiten sehr schädlich und ungesund sein können.

Ebenso kann das innere Kind, wenn es beispielsweise vom Nachbarshund gebissen wurde, eine allgemeine Angst vor Hunden entwickeln und kann sich nach diesem einen Vorfall mit dem Nachbarshund nicht mehr für alle anderen Hunde öffnen, die sehr zugänglich, zahm und liebesbedürftig wären.

Kinder neigen dazu, von nur einer einzigen ausgesprochen positiven oder negativen Erfahrung auf die Allgemeinheit zu schließen. Genauso verhält sich auch unser inneres Kind – unser Unterbewusstsein –, wenn wir bereits erwachsen sind.

Deshalb ist es wichtig, dass beispielsweise Menschen mit einem Suchtverhalten sich darüber bewusst werden, dass ihr inneres Kind der Meinung ist, tagtäglich ausschließlich Süßigkeiten zu essen, wäre das Beste. Doch dem ist nicht so.

Ebenso sollten sich Menschen, die eine gewisse unbegründete Angst oder Sorgen in sich verspüren, sich dessen bewusst werden, dass ihr inneres Kind aufgrund negativer

Erfahrungen Schlussfolgerungen zieht, die nicht realitätsgetreu sind. Auf diese Weise entstehen Hirngespinste. Einbildungen, welche nicht der Realität entsprechen.

Ganz unwichtig, ob es ein Suchtverhalten, eine Angst oder eine Sorge ist – das innere Kind darf beruhigt und getröstet werden. Es darf umgestimmt werden. Und dafür kann eine erfahrenere Instanz sehr hilfreich sein: das Bewusstsein. Das Bewusstsein hat in solchen Fällen beinahe eine elterliche Funktion. Es tröstet das innere Kind, das Unterbewusstsein. Es verhilft dem Unterbewusstsein zu neuen Perspektiven. Es lenkt das Unterbewusstsein in entscheidenden Momenten ab und weist dem Unterbewusstsein den Fokus auf das Wesentliche. Den Fokus auf das Positive. Den Fokus auf die innere Sicherheit. Denn gar oft ist das Gefühl, sicher zu sein, sehr maßgebend. Viele Denk- und Verhaltensweisen resultieren primär aus einem mangelnden Sicherheitsgefühl. Ein mangelndes Sicherheitsgefühl in sich selbst, den Selbstwert oder das Selbstvertrauen.

Das Bedürfnis nach Sicherheit kann derart groß werden, dass das eigene Verhalten auf einmal ganz unkontrolliert wird. Dass auf einmal Denkweisen und Handlungen erfolgen, die nicht mehr rationaler Natur sind, sondern primär affektiv. Das heißt, sie werden durch die Gefühle, meist impulsiv, ausgelöst. Menschen, die beispielsweise süchtig nach Alkohol, Nikotin oder sonstigen Drogen sind, kennen dieses Phänomen, wenn das eigene Verhalten nicht mehr bewusst kontrolliert werden kann. Auch Menschen, die von Ängsten heimgesucht werden und das von der Angst gelenkte Verhalten nicht mehr kontrollieren können. Dies können Ängste in bestimmten Situationen sein. Das können aber auch Ängste in Beziehungen sein. Oder Ängste um die eigenen Kinder oder um sich selbst.

Es gibt also geistige Prozesse, die wir oftmals bewusst nicht kontrollieren können. Eine Tatsache, welche selbst Hollywood aufgriff. So beispielsweise in den Werwolf-Filmen, in denen die Vernunft im Kampf gegen das Innere, vermeintlich Unkontrollierbare steht. Die sogenannte Lykanthropie – die Vorstellung eines Menschen, in einen Werwolf verwandelt zu sein. Die Begrifflichkeit setzt sich aus den beiden altgriechischen Worten »lykos« für »Wolf« und »anthropos« für »Mensch« zusammen. Eine Vorstellung, die bereits in der griechischen Mythologie aufkam und die von vielen Lyrikern, Schriftstellern und Psychoanalytikern aufgegriffen wurde. Zudem geht man davon aus, dass es zur Zeit der Hexenverfolgung in Europa ebenfalls eine beträchtliche Anzahl gerichtlicher Verurteilungen von Männern gab, die der Lykanthropie bezichtigt wurden. Man beschuldigte solche Männer des Mordes oder Übergriffes. Die Mehrheit aller wegen Lykanthropie verurteilten Männer wurde mit dem Tode bestraft.

Was bereits über Tausende von Jahren überliefert wurde, griffen nun die Filmproduzenten und Regisseure Hollywoods in der Verfilmung von Werwolf-Sagen auf. In diesen Filmen ist der Prozess der Verwandlung genau nachzuverfolgen. Die erste Verwandlung ist immer die Verwandlung, die ohne Vorwissen geschieht. Der Mann, der sich in einen Werwolf verwandelt, weiß beim allerersten Verwandlungsprozess noch nicht darüber Bescheid, was gerade mit ihm geschieht. Ist dann die erste Verwandlung überstanden, ist die Tatsache im Bewusstsein des Mannes angekommen.

Genauso verhält es sich mit den Ängsten, Sorgen und dem Suchtverhalten. Sobald sie ins Bewusstsein gelangen, kann man sich den Ursachen stellen.

Wenn der Mann im Hollywood-Film sich erneut in einen Werwolf verwandelt, so analysiert er, sobald er wieder ein Mensch ist, welche Einflüsse die Verwandlung begünstigt haben. Bis er zur Schlussfolgerung gelangt, dass der Vollmond und das Einbrechen der Dämmerung maßgeblich sind für die Verwandlung.

Ebenso verhält es sich mit den Denk- und Verhaltensweisen der Menschen in der Wirklichkeit. Ist eine solche ins Bewusstsein gelangt und tritt dann wieder ein, so analysiert unser Bewusstsein, von welchen Faktoren die Ängste, Sorgen oder Verhaltensformen abhängen.

Wenn der Mann im Hollywood-Film, der sich in einen Werwolf verwandelt hatte, herausgefunden hat, welche Einflüsse entscheidend sind, so schützt er sich und sein Umfeld vor genau diesen Einflüssen, indem er sich anketten oder einschließen lässt, so lange, bis er die Verwandlung überstanden hat, ohne sich oder seinem Umfeld geschadet zu haben. Dies ist die einzige Lösung, die es für den Mann im Film gibt, bis ein Antiserum gefunden werden konnte.

Und es ist auch für all die Menschen eine sinnvolle Lösung, die außerhalb des Hollywood-Filmes von eigenen Gefühlen, Denk- oder Verhaltensweisen eingeschränkt werden. Die Lösung, sich und sein Umfeld vor den negativen Auswirkungen der eigenen Prägungen zu schützen.

In der Zwischenzeit sollte auch das eigene Bewusstsein – die Vernunft – sich auf die Suche machen nach einem Antiserum. Nur dass in diesem Fall das Antiserum keine Substanz darstellt, sondern eine neue Perspektive, welche die Gedanken in uns ändern kann. Wenn man diese neue Perspektive nutzt, um positivere Gedanken aufkommen zu lassen, so wird sich der negative Prozess Stück um Stück auflösen. Maßgebend hierbei ist es, in allem eine positivere Perspektive einzunehmen. Das Gute zu erkennen in der scheinbaren Misere. Die Misere nicht als Gefahr, sondern als Chance zu sehen.

So können beispielsweise Menschen, die Angst haben, in Räumen – oder im Fahrstuhl – eingeschlossen zu sein, durch den Perspektivwechsel auf einmal Sicherheit in den entsprechenden Räumen gewinnen, weil die Räume durch ihre Stabilität Schutz bieten vor schädlichen Einflüssen von außen.

Und Menschen, die Angst vorm Fliegen haben, erlangen plötzlich die Perspektive, dass sie sich in der Luft, fernab vom Boden, sicher fühlen dürfen vor all den möglichen Risiken und Gefahren, die auf dem Boden herrschen könnten. Im Flugzeug kann man über all dem schweben und sich einfach mal eine Auszeit gönnen.

Wenn der Mann, der sich als Werwolf sieht, ganz einfach seine Perspektive ändern würde und einsehen würde, dass er viel mehr Anteile eines Menschen als eines Wolfes in sich hat, so änderte sich alles. Denn für einen Wolf hat er beispielsweise einen viel zu schlecht ausgeprägten Geruchssinn. Echte Wölfe haben einen wesentlich besseren. Auch kann er als Menschen-Wolf nicht so schnell rennen, wie ein richtiger Wolf dies kann. In Wirklichkeit müsste ihm bewusst werden, dass er eine schlechte Kopie eines Wolfes ist und für jeden Wolf außer Konkurrenz stünde – in einem Wolfsrudel würde er nicht wie ein Wolf, sondern wie ein orientierungsloser, tollpatschiger Pinscher wirken.

Mit Einsicht würde der Glaube an den »Wolf« im Mann nach und nach verschwinden, und somit auch sämtliche Symptome. Auf einmal wäre es möglich, abends auf einer wunderschönen Wiese zu liegen, die Natur mit allen Sinnen wahrzunehmen und unter freiem Sternenhimmel den strahlenden Vollmond fühlen und genießen zu können.

Mit Einsicht in die Gelassenheit in Bezug auf Ängste die eigenen Sorgen und Suchtverhalten ins Bewusstsein holen:

- Mach dir deine ungewünschte Denk- oder Verhaltensweise bewusst.
- Definiere sie.
- Finde ihre sämtlichen Facetten.
- Finde ihre auslösenden Einflüsse und »Trigger«
- Analysiere den gesamten Prozess, welcher die negative Denkweise auslöst, und finde heraus,

welche Faktoren in der Aktivierung maßgebend sind.

- Gewähre Sicherheit.
- Ergreife Maßnahmen, um – sollte die Situation reaktiviert werden – dich und dein Umfeld vor unüberlegten und unkontrollierbaren Verhaltensweisen zu schützen.
- Nimm eine andere Perspektive ein.
- Finde die Perspektive, welche dein Anliegen zu keinem Anliegen mehr macht.
- Finde die positive Seite in deiner Sorge, deiner Angst oder deinem ungewünschten Verhalten, sodass diese die negative Wirkung nach und nach verlieren.
- Finde heraus, dass du in Wirklichkeit eigentlich schon frei bist von deiner ungewünschten Denk- oder Verhaltensweise – es nur bislang nicht erkannt hattest.
- Und vielleicht findest du sogar Gründe, welche dir aufzeigen, dass du durch deine Angst oder Sorge eine Chance oder eine Bereicherung erfahren hast.

Das Positive an der Lüge

Appelliere ich persönlich auch stark an die Ehrlichkeit und Authentizität des Menschen, möchte ich hier eine Lanze für die Lüge brechen.

Hätten wir die Fähigkeit des Lügens nicht geschenkt bekommen, so gäbe es sehr viel mehr Konflikte, als uns lieb ist. Die Lüge ermöglicht es uns, uns in andere Menschen hineinzuversetzen, denn jede Lüge will verstanden werden. Um die Lügen um uns herum verstehen zu können, müssen wir uns in den Prozess der Empathie begeben. Wir müssen unsere empathischen Fähigkeiten aktivieren, uns in das Gegenüber hineinversetzen und zu verstehen versuchen, welche Angst, welche Furcht und welches Sicherheitsbedürfnis zu der Lüge führten, die im Raum steht – von uns selbst oder vom Gegenüber ausgesprochen.

Haben wir die Lüge in ihrem Mechanismus verstanden, so haben wir uns geistig weiterentwickelt. Es ist die Schule des Lebens, die uns all dies lehrt.

Auch ich bin der Meinung, dass Authentizität und Wahrheit das Leben aller Menschen einfacher machen. Die Ehrlichkeit bietet eine unbeschreiblich starke Energie, die wohl mit keiner Lüge dieser Welt zu vergleichen ist.

Auch ich trage die unbewusst und bewusst schützende Denkweise in mir, dass ich von Menschen umgeben sein möchte, welche die Ehrlichkeit in sich tragen. Allerdings gehört es zu meinem Wesen, dem lügenden Menschen eine Chance zu geben, indem ich versuche, ihn zu verstehen, wenn mir die Verbindung zu dem Menschen von Bedeutung ist. Und auch ich möchte einen Lernprozess auf der Seite des lügenden Menschen erkennen – solange sie nicht über den Affekt kam.

Die Lüge ist ein wunderbarer Grund, sich in zwischenmenschlichen Beziehungen über die tiefsten Ängste auszutauschen. Ängste werden oftmals erst durch Lügen bemerkbar. Erst wenn eine Lüge aufgedeckt wird, spricht man über die Angst, die hinter der Lüge steckt.

Gäbe es also keine Fähigkeit zu lügen, so würden viele Menschen die eigenen Ängste ignorieren. Außerdem kann die Lüge als Chance betrachtet werden, die uns in unserer Empathie und geistigen Entwicklung fördert.

Wer die richtige Einsicht im Umgang mit Lügen erlangt, wird Gelassenheit erfahren dürfen.

Die Illusion der Sicherheit

Wie bereits beschrieben, litt ich, als ich klein war, unter sehr merkwürdigen, aus medizinischer Sicht nicht erklärbaren Affektanfällen. Diese kamen mehrmals täglich auf. Dabei verlor ich das Bewusstsein und verkrampfte mich so sehr, bis sich der Krampf irgendwann löste. Erst dann konnte ich wieder atmen und kam nach und nach wieder zurück ins Hier und Jetzt.

Meine Mutter erzählt, wie schmerzhaft es für sie war, mit ansehen zu müssen, wie ich um den eigenen Atem rang, und wie sie jedes Mal von Neuem einfach nur hoffen konnte, dass ich wieder zurückkommen und nicht auf der anderen Seite bleiben würde. Ob ich, weil ich bewusstlos war und über mehrere Minuten lang nicht mehr atmete, dem Tod näher als dem Leben war, kann mir wohl niemand beantworten. Doch die Bilder, die ich während dieser Grenzerlebnisse hatte, erklären mir sehr viel.

Selbst heute erinnere ich mich noch an gewisse Bilder, die ich während der damaligen Ohnmacht sehen konnte. Eines war ein Bild einer ausgetrockneten Wiese, auf der ein hölzerner Zaun stand. Der Zaun war gar nicht lang. Doch ich wusste komischerweise, dass ich dieses eine

Zaunstück würde überwältigen müssen, obschon ich auch einfach um den Zaun herum hätte gehen können.

Ein anderes Bild war jenes der Dimensionen. Ich erinnere mich, wie ich mich während der bewusstlosen Minuten selbst von oben betrachtet habe. In einer Welt, die aus Ecken und Kanten bestand, in der ich aber so klein war, dass die Vorstellung der Größe des Raumes Furcht einflößend war. Und mich überkam schon damals, als ich diese Bilder sah, eine Art Ehrfurcht vor der Größe des Raumes, der um mich herum bestand.

Würde ich diese Bilder deuten, wie man auch Träume deutet, so würde ich das Bild des hölzernen Zaunes auf der ausgetrockneten, riesigen Wiese als Hinweis meines Unterbewusstseins deuten, dass man gewisse Hürden in Angriff nehmen und man sie nicht umgehen sollte. Einer ausgetrockneten, schattigen Wiese fehlt die Fruchtbarkeit. Fehlen Licht und Wasser. Ich saß auf den dürren Gräsern der Wiese. Schaute nach oben und hatte ein intuitives Wissen darüber, dass ich über diesen Zaun steigen musste – selbst wenn ich den einfachen Weg gehen konnte.

Vielleicht ist dieses Bild auch als eine Botschaft meines Unterbewusstseins zu deuten, dass ich durch diese jeweiligen Krampfanfälle hindurchmusste, um mich dadurch zu stärken.

Wenn ich das Bild der Wiese mit dem des beängstigend großen Raumes vergleiche, so sehe ich als Gemeinsamkeit die großen Dimensionen, denen ich ausgesetzt war, die ich jedoch anscheinend beeinflussen konnte. Ich fühlte die

Chance in mir, die Wiese vielleicht wieder fruchtbar machen zu können, indem ich über den Zaun stieg und vielleicht irgendwo Wasser fand.

Ich erinnere mich nicht daran, dass ich in der Vorstellung je über den Zaun steigen konnte – wenn ich diese Bilder jedoch mit meinem Leben vergleiche und mit den Botschaften, die ich dem Unterbewusstsein meiner Klienten vermitteln konnte, so wünsche ich mir natürlich, dass ich dadurch die Wiese unserer Welt etwas saftiger, grüner, sonniger, fruchtbarer und nahrhafter machen kann.

Wenn ich meine Situation heute als Hypnosetherapeut analysiere, so kommt in mir das Bewusstsein auf, dass ich den Zustand der Hypnose bereits von klein auf kenne. Ich bin überzeugt, dass der Zustand, den ich als kleiner Junge hatte, wenn ich aufgrund der Anfälle jeweils bewusstlos war, vergleichbar ist mit dem Zustand der Hypnose. Denn auch in der Hypnose lassen wir das Bewusstsein absichtlich etwas auf der Seite und konzentrieren uns auf das Unterbewusstsein und dessen Inhalte. Auf diese Weise kommen Bilder auf, mit denen wir nicht gerechnet hätten.

Schon als Jugendlichem wurde mir bewusst, dass wir in unserer Gedankenwelt zwei sich bedingende Gegensätze aufweisen: das Bewusstsein und das Unterbewusstsein.

Das Bewusstsein ist die Instanz unseres Geistes, welche analysieren kann, welche rationale Schlussfolgerungen leisten kann, welche jedoch auch intellektuell einiges herleiten kann, wovon das Unterbewusstsein nur träumen kann.

Das Unterbewusstsein hingegen ist vergleichbar mit der Instanz unseres Geistes, die fühlt und nicht denkt. Das Unterbewusstsein beschützt das Vertraute. Es folgt den Vorstellungen und den Gefühlen und braucht keine Erklärungen. Eine Fähigkeit, von der das Bewusstsein ebenfalls nicht zu träumen vermag.

Wie überall in unserer Existenz repräsentieren auch Bewusstsein und Unterbewusstsein das Grundgesetz der Polarität. Es gibt Tag und Nacht. Krieg und Frieden. Protonen und Elektronen. Die Kirche spricht von Himmel und Hölle. Und ebenso gibt es das Bewusste und das Unbewusste. Ich schätze mich glücklich, dass ich zu erkennen vermag, dass sich die Existenz der Polarität, der sich besingenden Gegensätze, nicht wegdenken lässt.

In meiner Arbeit als Therapeut fiel mir bald auf, dass viele meiner Klienten ein Ungleichgewicht in der Aktivität des Bewusstseins und des Unterbewusstseins aufwiesen. Menschen, die von gewissen Ereignissen, Aussagen, Verletzungen und dergleichen geprägt sind, haben oftmals einen schützenden Mechanismus verinnerlicht. Und zwar in der Art, dass ihr Unterbewusstsein auf einmal die Oberhand ergreifen und bestimmen möchte, was geschehen soll und was nicht. Dies möchte ich an einigen Beispielen veranschaulichen: So wird ein Mädchen, das in der Schule gemobbt und in seiner Wertigkeit kritisiert wird, in einer Weise verletzt, in der das Unterbewusstsein ganz von selbst schützende Automatismen aktiviert. Das Unterbewusstsein möchte derartige Verletzungen zukünftig vermeiden, weshalb beispielsweise das Mädchen in seiner Liebesbeziehung befürchtet, nicht hübsch genug oder nicht gut genug zu sein.

Ebenso entwickelt ein Junge, der von seinem Bruder in einen Schrank eingesperrt wurde und unbeschreibliche Angst verspürte, einen schützenden Mechanismus. Er meidet enge Räume, wie beispielsweise den Fahrstuhl.

Genauso entwickelt eine Frau, die auf verletzende Weise von ihrem Ex-Partner betrogen wurde, einen schützenden Mechanismus. Sie analysiert jeden weiteren Partner so sehr, bis sie sich einredet, dass ihr das Gleiche erneut widerfahren würde, und sie letztendlich die Beziehung aus Angst beendet.

Diese schützenden Mechanismen werden oftmals ganz allein vom Unterbewusstsein des Menschen aktiviert und vermitteln dem Menschen dadurch natürlich die Illusion einer Sicherheit. Jedoch ist dieser Mechanismus in keiner Weise schützend. Er ist hindernd. Er ist vergleichbar mit einer Schablone, die das Unterbewusstsein konzipiert. Und sobald gewisse Grundkriterien dieser Schablone stimmig sind, reagiert das Unterbewusstsein mit schützenden Instanzen wie der Angst, der Furcht, dem Vermeidungsverhalten oder den archaischen Programmen: Angriff, Flucht, Resignation.

In unserer modernen Zeit sind häufige Ängste die Flugangst, die Angst, sich in einen Tunnel begeben zu müssen, Angst vor Fahrstuhlfahrten. Ängste, die für die Betroffenen oftmals gar nicht bewusst erklärbar sind. Ängste, Situationen ausgesetzt zu sein, über die man keine Kontrolle mehr zu haben scheint. Solche Ängste dienen dem Unterbewusstsein als schützende Instanz, um sich möglichst nicht in bedrohliche Gefahren zu begeben.

Diese Ängste schützen zwar vermeintlich das eigene Überleben, jedoch schränken sie die Betroffenen allzu sehr im Alltag ein. Betroffene können nicht mehr mit dem Flugzeug in den Urlaub fliegen. Sie können in keinen Fahrstuhl mehr steigen. Oder haben Schwierigkeiten, Partnerschaften einzugehen.

Wenn wir im Rahmen meiner Therapie ausschließlich mit dem Unterbewusstsein kommunizieren, um herausfinden zu können, welche Gefühle und Bilder in derartigen Situationen aufkommen, so gelangen wir gar oft an sehr erstaunliche Situationen. Situationen im Leben meiner Klienten, in welchen sie schutzlos ausgesetzt waren und geprägt wurden. Es kommen auf einmal Bilder auf, welche nicht mehr im Bewusstsein zu sein schienen. Bilder von vergangenen, ähnlichen Situationen – nicht zuletzt auch aus Kindheit und Jugend, in denen vergleichbare, unangenehme Gefühle aufkamen, die nun in Tunneln, in Flugzeugen oder in Fahrstühlen aufkommen konnten.

Wenn wir diese Informationen seitens des Unterbewusstseins bekommen, so stellen wir fest, dass es sich bei der Flugangst nicht um die Angst vor dem Fliegen handelt. Dass es beim Transfer durch einen Tunnel nicht um die Angst vor dem Tunnel selbst geht. Und dass sich während der Fahrstuhlfahrt nicht die Angst vor dem engen Raum breitmacht. Nein – es ist die Angst, in solchen Situationen hilflos zu sein. Keine Kontrolle über das Geschehen zu haben. Die Angst, sich geschehen zu lassen.

In der Therapie schauen wir mitunter bei vergleichbaren Anliegen unter Hinzuziehung des Unterbewusstseins Vorstellungen und Gefühle an, die gemeinsam mit der Angst aufkommen, die aber oftmals dem Bewusstsein bis dahin verborgen waren. Sind wir zu den falschen, unterbewussten Programmen gelangt, so bewerten wir diese neu, sodass sie auch im Hier und Jetzt viel erträglicher werden oder ganz verschwinden. Dies ist jedoch nur dann möglich, wenn wir das Bewusstsein in den Momenten hinzuziehen können, in denen wir in der Erinnerung auf vergangene, falsch programmierte Erfahrungen treffen. Denn in genau diesen Momenten hat das Bewusstsein die Aufgabe, dem Unterbewusstsein aufzuzeigen, dass die angetroffenen Prägungen damals falsch bewertet wurden.

Werden wir im Alltag mit negativen Gedanken, Sorgen und Ängsten konfrontiert, so können wir diese Fähigkeit der Zusammenarbeit des Bewusstseins und des Unterbewusstseins positiv nutzen. Dafür müssen wir uns nicht mal in eine therapeutische Hypnose versetzen lassen. Der geheime Schlüssel hierfür liegt im Wunder der Polarität. Im Wunder der sich gegenseitig bedingenden Gegensätze. Im Wunder der Tatsache, dass das Negative immer nur dann bestehen kann, wenn auch das Positive existiert.

Sorgen, Ängste und negative Gedanken können nur deshalb existenziell sein, weil sie einen wunderbar positiven Gegensatz bergen. Dies ist unter anderem der Inhalt der von mir konzipierten Invaluationstherapie[7].

Gelingt es uns, die zweite, bedingende Hälfte zu finden, die uns den Vorteil des Geschehenen verdeutlichen kann, so wird es uns auch gelingen, Leichtigkeit und Gelassenheit zu erfahren.

Ich möchte dies gerne an einem Beispiel aus dem Alltag verdeutlichen:

Stellen wir uns vor, eine Frau und ein Mann haben sich vor einigen Jahren das Jawort gegeben. Sie haben sich versprochen, in guten wie in schlechten Zeiten zueinanderzustehen.

Als die Frau eines Tages dem Bedürfnis folgt, ihrem etwas farblosen Haar neuen Glanz zu verschaffen, indem sie – während ihr Mann bei der Arbeit ist – ihr Haar nachfärbt, holt sie auf einmal ihre unterbewusste Prägung ein. Die Prägung, die ihr das Gefühl vermittelt, sie könnte nicht wertvoll genug sein für ihren Mann. Nicht hübsch genug. Für ihn, der doch bei der Arbeit von allen Seiten derart viel Anerkennung genießen darf.

Als sie sich die Haare färbt, hat sie die Idee, aus der ganzen Situation eine Art Test zu machen. Ein Test, der ihr

7 Die von Gabriel Palacios konzipierte und begründete Gesprächstherapie-Methode (Invaluation®) soll es ermöglichen, negative Gedankenmuster zu positivieren, um somit direkten Einfluss auf Gefühlswahrnehmungen und Verhaltensformen zu nehmen. Die Therapieform besteht aus dem Prozess der gezielten Analyse der negativen Gedankenmuster (Präfix in-) und des Erkennens des positiven, wahren Wertes (-Valuation-) der Gegebenheit.

vermeintlich Sicherheit geben soll. Ein Test, der aufzeigen soll, ob ihr Mann immer noch zufrieden ist mit ihrem Aussehen, oder nicht. Ein vermeintlicher Indikator dafür, ob ihr Mann sie noch mit ebenso verliebten Augen anschaut, wie es zu Beginn der Beziehung der Fall war. Deshalb nimmt sie sich vor, im Rahmen des Tests ihrem Mann, sobald er von der Arbeit nach Hause kommt, vorzuenthalten, dass sie ihr Haar nachgefärbt hat, bis er ganz von selbst fragt, ob sie ihr Haar nachgefärbt habe. Würde er nachfragen, so hätte sie die Gewissheit, dass er sie optisch noch genauso wichtig nähme wie in den guten alten Zeiten.

Als ihr Mann schließlich nach Hause kommt, begrüßt er sie mit einem Küsschen, so wie immer. Noch scheint er nichts bemerkt zu haben. Selbst nach dem gemeinsamen Abendessen macht er keine Bemerkung zu ihrer aufgefrischten Haarfarbe. Bis die beiden letztendlich vor dem Einschlafen nebeneinander im Bett liegen und sie an dieser Stelle ihrem Ultimatum ein Ende setzt. Sie beendet ihren Test mit den Worten: »Ich bin enttäuscht von dir!«

Er versteht ihre Aussage nicht und fragt, weshalb.

Sie antwortet: »Weil du mich nicht mal mehr richtig anschaust. Bin ich dir tatsächlich so unwichtig geworden, dass du meine optischen Veränderungen gar nicht mal mehr wahrnimmst?«

Seine Erwiderung, dass er bei sich dachte, etwas sei anders, kann den negativen Ausgang des Tests nicht mehr gutmachen.

In genau diesem Moment, der nur zu einem unnötigen Konflikt führt, an dessen Stelle sonst die tiefe Liebe, die vertrauten Berührungen und das Gefühl der Zweisamkeit hätten stehen können, wird das Unterbewusstsein von alten Prägungen heimgesucht.

Dem Ganzen könnte die Frau sehr rasch ein Ende setzen – allein nur indem sie dem Grundgesetz der Polarität folgt, in sich geht und herausfindet, weshalb die Sachlage genau so richtig ist, wie sie gerade ist.

Ein sehr weises Vorgehen in derartigen Konflikten ist, den Vorteil der jetzigen Lage zu erkennen und den Nachteil der entgegengesetzten Lage, der vermeintlichen Wunschlage, zu sehen. Die Sachlage ist die, dass ihr Mann nicht wirklich bemerkt hat, dass sie ihr Haar nachgefärbt hatte. Ihr Wunsch wäre aber gewesen, von ihrem Mann zu hören, wie toll ihre glänzende, aufgefrischte Haarfarbe wirkt. Und genau hier liegt die Krux. An genau dieser Stelle sollte sie in ihren Wunsch – in das absolute Gegenteil der wirklichen Sachlage – eintauchen und sich vorstellen, wie es gewesen wäre, wäre ihm, kaum wäre er zur Tür reingekommen, aufgefallen, dass ihr Haar frisch gefärbt war. Wäre dies der Fall gewesen, so hätte ihr Unterbewusstsein in dieser Tatsache wohl genauso den negativen Pol gefunden. Sie hätte die Tatsache, dass ihm das frisch gefärbte Haar auffiel, ebenso negativ bewertet, insofern, dass sie sich gefragt hätte, ob für ihn wohl eine frische und jung wirkende Haarfarbe attraktiver wirkte. Ihm das Haar jüngerer Frauen vielleicht besser gefiel. Ob ihm vielleicht generell eine jüngere Frau besser gefiel. In jenem Fall hätte sie sich wiederum gewünscht, dass ihm die aufgefrischte Haarfarbe nicht sofort aufgefallen wäre.

In allem gibt es immer so einen negativen wie einen positiven Wert zu erkennen. Besonders leicht ist dies im Alltag zu erkennen. Anspruchsvoller wird es, wenn wir mit tiefen Schicksalsschlägen konfrontiert werden. In solchen Situationen müssen wir oftmals bisherige gedankliche Ebenen verlassen und uns in neue Räume und neue Dimensionen begeben. In spirituelle Ebenen. In Ebenen der höheren, geistigen Entwicklung.

Im Falle des Ehepaars und des inneren Konfliktes der Frau, die ihr Haar nachgefärbt hat, gibt es in beiden möglichen Ausgangslagen positive wie negative Werte.

Im Fall, der eingetroffen ist, empfand sie die Tatsache, dass ihm die frische Haarfarbe nicht auffiel, als Zeichen der Geringschätzung ihr gegenüber.

Und im Fall, dass ihm das nachgefärbte Haar sofort aufgefallen wäre, hätte sie sich ebenso wertlos gefühlt, in der Annahme, dass für ihn eine intensive Haarfarbe von Wichtigkeit sein könnte, was sie auf rein natürliche Weise aufgrund ihres Alters nicht mehr bieten konnte.

Schaut sie folglich ihre angebliche Wunsch-Ausgangslage einmal wirklich an und blickt ganz tief hinein, so erkennt sie darin einen ebenso negativen Wert, den sie wohl noch eher vermeiden will, als den scheinbar negativen Wert der eingetroffenen Situation.

Denn wenn sie sich dann ihren Mann in seinem Dasein verdeutlicht, so erkennt sie, dass er ihr Wunschmann ist und dass sie in Wirklichkeit gar keine Freude daran hätte, würde ihr Mann eine intensive, jünger wirkende Haarfarbe derart bedeutungsvoll finden, dass ihm diese so schnell auffiele. So erkennt sie den Vorteil der wirklichen Gegebenheit. Weil sie den Nachteil im ursprünglich gewünschten, gegenteiligen Zustand erkennt.

Ein vergleichbares Beispiel gibt es natürlich auch für eine mögliche Angst des Mannes. Angenommen, er erhält aufgrund eines ihm zugesprochenen Bonus für seine herausragende, berufliche Leistung einen neuen Firmenwagen, den er auch als Privatfahrzeug nutzen darf. Mit diesem neuen, frisch gewaschenen Wagen fährt er zu Hause vor, wo er seine Frau abholt, um sie ins Theater auszuführen.

Als sie in den Wagen steigt, lässt sie keine Bemerkung fallen und scheint nicht realisiert zu haben, dass er einen neuen Wagen fährt.

Nach dem Theater gibt er ihr, als sie einsteigt, eine weitere Chance, festzustellen, dass er von seinem Chef einen neuen Wagen bekommen hat. Doch wieder nichts. Bis er auf der Heimfahrt kraftvolle Töne von sich gibt und sich entsetzt, dass ihr nicht aufgefallen ist, dass er einen neuen Wagen fährt.

Auch in diesem Fall ist der Mann bestimmt von seiner Prägung, seine Leistung stets wertgeschätzt bekommen zu müssen. Vielleicht aus dem Grund, dass ihm sein Unterbewusstsein durch die Erfahrungen seiner Vergangenheit suggeriert, er bekomme lediglich Liebe für Leistung.

Dadurch, dass ihr das neue Auto nicht auffiel, suggeriert er sich, sie interessiere sich nicht für die Arbeit, die er tagtäglich leistet. Er redet sich ein, sie interessiere sich nicht für die Ziele, die er sich setzt, und wird von der Angst beschlichen, sie habe es nur auf das Geld abgesehen, das er monatlich nach Hause bringt.

Würde auch er sich in diesem Moment in seine Wunsch-Ausgangslage hineinversetzen und den Nachteil darin finden, so wird er erkennen, dass die Frau neben ihm, auf dem von der Sitzheizung gewärmten Beifahrersitz, die Frau ist, die er sich schon immer gewünscht hat. Die, die keinen Wert auf Materielles legt. Die, der vollkommen unwichtig ist, wie viel Geld er nach Hause bringt, solange sie beide von der Liebe leben können.

Wäre ihr nämlich der neue Wagen unmittelbar beim ersten Sehen aufgefallen, so hätte er die Empfindung gehabt, seiner Frau wäre der materielle Wert, der finanzielle Reichtum, der Status von Bedeutung. Er hätte sich vielleicht sogar suggeriert, seine Frau fände Männer, die in einem vom Status geprägten Wagen vorfahren und eine volle Brieftasche mit sich führen, attraktiver als solche, die weniger Materielles zu bieten haben, dafür umso mehr Immaterielles mit Tiefgang.

Dieses Sich-Vorstellen des Gegensatzes, der meist den vermeintlichen Wunsch darstellt, ermöglicht es uns, darin ebenso einen negativen Wert – einen Nachteil – zu erkennen und mit der wirklichen Gegebenheit Frieden zu schließen. Zu erkennen, wie in der Skizze dargestellt, dass der positive Wert der Gegebenheit deutlich größer sein kann als der des Gegenteils. Und, dass der Nachteil im Gegenteil deutlich größer sein kann als der Nachteil in der Gegebenheit.

Sich im Erkennen des Vorteiles der realen Gegebenheit einfach gehen lassen zu können, macht den Vorzug unseres Lebens aus. Insbesondere dann, wenn wir Gegebenheiten nicht mehr ändern können. Sich an der Botschaft des Positiven erfreuen zu können.

Diese Erkenntnis nützt uns nicht nur in zwischenmenschlichen Angelegenheiten, sondern auch bei alltäglichen Sorgen, Ängsten und negativen Gedanken. Menschen, die sich mit alltäglichen Ängsten und Sorgen herumschlagen, empfehle ich genauso, in der Gegebenheit, welche die Angst auslöst, eine andere, positivere Perspektive zu erkennen. In der Gegebenheit einen positiven Wert zu erkennen, welcher die gesamte Sachlage wertvoller gestaltet. Doch dieser positive Wert muss auch wirklich bewusst gesucht werden. Eine Suche, die erst damit endet, dass die positive Facette erkannt wurde.

So soll beispielsweise, wer im Flugzeug sitzt und eine Angst verspürt, in der gesamten Sachlage möglichst viele positive Werte suchen. Werte wie den, dass das Gehäuse des Flugzeuges vor Unwetter und Blitzschlägen schützt. Dass der Flieger einen weit weg von allen bodenbelasteten Problemen bringt. Weg von allen Gefahren, die auf dem

Boden lauern. Weg von allen negativen Energien, die auf der Erde wirken. In Sicherheit. Würden Kriege und Naturkatastrophen herrschen, so wäre das Dasein im Flugzeug eine der sichersten Formen. Ebenso kann man die sicheren Komponenten im Fahrstuhl finden – wie auch im Tunnel. Überall dort stellt die Materie, die uns im Fahrstuhl oder im Tunnel umgibt, einen schützenden Kokon dar.

Wer den positiven Wert sucht, wird ihn finden. Wer ihn gefunden hat, wird eine emotionale Ruhe erfahren dürfen. Eine Ruhe, die in die Leichtigkeit führt. Eine Leichtigkeit, die in die Gelassenheit führt. Und eine Gelassenheit, die uns in die Freiheit führt. Die uns in unsere Ruhe führt.

Wer sich einfach geschehen lässt, der findet mit Einsicht in die Gelassenheit.

Mit Einsicht.

Mit Einsicht zu Ruhe und Leichtigkeit:

Wer sich mit einer nicht änderbaren Sachlage und den damit verbundenen, negativen Gedanken quält, soll mithilfe folgender Vorgehensweisen die Ruhe, Leichtigkeit und Gelassenheit erfahren dürfen.

Vorteil in Gegebenheit erkennen:

- Finde den Vorteil in deiner aktuellen Situation.
- Wenn du direkt keine oder zu wenige Vorteile erkennen kannst, so finde heraus, in welchen möglichen Szenarien oder aus welchen Perspekti-

ven die Gegebenheit einen Vorteil darstellen würde.
- Erfreue dich daran, dass dieser Vorteil bereits besteht.

Nachteil im Gegenteil erkennen (Nachteil in vermeintlicher Wunsch-Gegebenheit):
- Finde heraus, inwiefern du in der ursprünglichen, vermeintlichen Wunsch-Gegebenheit ebenso negative Werte erkennen kannst, welche du auf jeden Fall meiden möchtest.
- Erfreue dich daran, dass diese negativen Werte, diese Nachteile, deutlich unerwünschter sind als der vermeintliche Nachteil der bestehenden Situation.
- Erfahre die Leichtigkeit und Gelassenheit durch die Erkenntnis, dass jeder noch so negative Wert eine positive Perle birgt, die man nicht missen möchte.

Schöne Gedanken zur Angst

Das Herz, der Kopf und ein Bauchgefühl

Schenken wir einem falsch liegenden Bauchgefühl genügend Beachtung, so können wir die uns selbst suggerierte Prophezeiung auch dann wahr werden lassen, wenn in Wirklichkeit sehr wenige bis keine Argumente dafür sprechen.

Der geprägte Mensch sucht sich genau die Argumente, die seine Prophezeiung erfüllen. Wir sammeln die Argumente, die unsere Prophezeiung des negativen Ausgangs als wahr erklären könnten. Wie im Beispiel des Mannes, der unter Flugangst leidet und sich einredet, sein Flug ende in einer Katastrophe. Jedes Argument, das seinen prophezeiten, negativen Ausgang bestätigen könnte, verstärkt seine negativen Gefühlswahrnehmungen sowie seine Angst.

In der Tat ist es ein Gefühl des Erfolges und ein Gefühl der Verlässlichkeit, wenn wir unserem Bauchgefühl recht geben können.

Selbstverständlich gilt es jedoch zu beachten, dass unser Bauch das absolut zuverlässigste Sinnesorgan überhaupt sein kann. Dies ist auch meistens so. Viele Menschen wer-

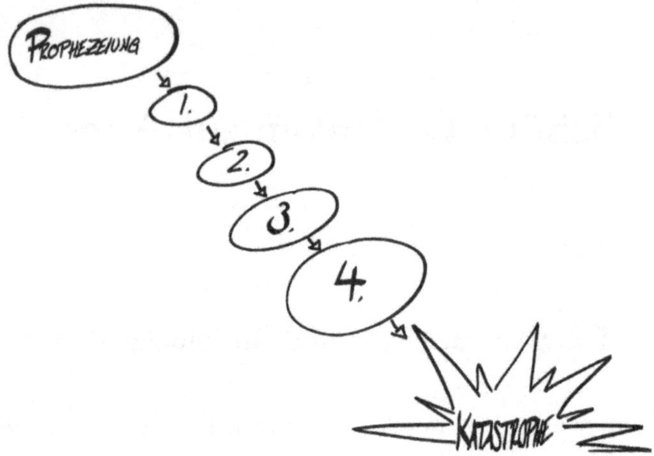

den ein Leben lang kein einziges Mal vom eigenen Bauchgefühl enttäuscht. Und zwar meist deshalb, weil dort, wo der Bauch zu Wort kam, keine tiefen Prägungen saßen. Der Bauch kann das absolut vertrauenswürdigste Körperteil überhaupt sein – jedoch nur dann, wenn wir keine zu tiefen Narben in dem Bereich in uns tragen, in dem das Bauchgefühl für uns spüren und korrekt wahrnehmen soll. So neigen wir dazu – und das ist ganz normal –, aufgrund von negativen Erfahrungen zu glauben, dass in ähnlichen Situationen auch wieder ähnlich Negatives eintreffen würde. Doch dem ist nicht so. Nur weil einmal etwas so war, muss es im Hier und Jetzt nicht mehr so sein. Die mathematische Wahrscheinlichkeit ist sogar viel geringer, dass etwas erneut eintrifft, wenn es bereits einmal eingetroffen ist.

Es ist die Balance zwischen Kopf, Bauch und Herz, die es ausmacht.

Es ist der Kopf, der dem Bauch wie eine elterliche, vernünftige Instanz aufzeigen kann, dass er sich gerade in etwas hineinsteigert. Und es ist der Bauch, der dann dem Kopf behilflich sein kann, wenn dieser keinen Entschluss fassen kann. Und es ist das Herz, das den Zweikampf zwischen Kopf und Bauch zu schlichten vermag und den Fokus auf das Wesentliche zu richten weiß.

Wir wurden nicht nur mit einem Bauch geboren, sondern auch mit einem Kopf und mit einem Herzen. Jede dieser drei Komponenten hat dieselbe Wertschätzung verdient. Alle diese drei Komponenten sind auch gleich alt – und haben allesamt wunderbare Stärken und Vorteile.

So kann es durchaus auch in manchen Situationen sinnvoller sein, dem Kopf und dem Herz ebenso die Beachtung zu schenken, die sie verdient haben – nicht zuletzt, um dem geprägten und teils verletzten Bauch unter die Arme zu greifen. Um dem verletzten Bauch aufzuzeigen, dass er sich keine unnötigen Sorgen zu machen braucht. Ihn trösten zu können und ihm auch die »Bauch-Gespenster« austreiben zu können, die rein illusionär sind und nicht der Wahrheit entsprechen.

Es ist die Zusammenarbeit des Herzens, des Kopfes und des Bauches – die Nutzung all unserer Ressourcen –, die uns von irrealen, negativen Energien löst.

Fühle mit dem Herzen.

Denke mit dem Verstand.

Und ahne mit dem Bauch.

Am Anfang war der Kieselstein

Es gibt Tage, an denen wir uns nicht an der uns begleitenden Sonne zu erfreuen wissen und uns überall nur von Schatten verfolgt sehen. Dann macht es keinen Sinn, den Schatten mit allen Reflektionsmöglichkeiten des Lichts eliminieren zu wollen – denn er wird immer da sein. Dann macht es Sinn, die Veränderung nicht von außen herbeizuführen, sondern an allererster Stelle in sich drin. Erst wenn Veränderung in uns vorangeht, erkennen wir, dass sich die Welt um uns herum verändert. Positiv verändert.

Haben wir ständig irrationale Ängste, unbegründete Sorgen, immer dieselben Schwierigkeiten oder bleiben wir scheinbar immer an derselben Stelle stehen, so kann der Blick nach innen meist mehr verraten, als jeder Zeigefinger nach außen dies kann.

Stehen wir also auf unserem Lebensweg zum wiederholten Mal vor einem großen Berg und fürchten uns, diesen zu erklimmen, so können wir – von der Angst geführt – diesen Berg umgehen, oder gar eine völlig neue Route oder ein neues Ziel wählen. Wir können jedoch auch unserem ursprünglichen Willen folgen. Nämlich dem Willen, in diese Richtung gehen zu wollen und das ursprünglich anvisierte Ziel auch zu erreichen. So können wir in uns hineinblicken und uns mit unserer eigenen Angst konfrontieren. Wir können neue Perspektiven erlangen und uns sogar auf dem Gipfel des Berges in Geborgenheit und Sicherheit sehen. Wie man früher auch die Festungen auf Bergen und Hügeln erbauen ließ – was der Besatzung

Überblick, Sicherheit und Distanz ermöglichte. Ebenso können wir in uns eine Veränderung in unserer Denkweise herbeiführen, die es uns ermöglicht, uns von unserem Ziel nicht abhalten zu lassen. So erklimmen wir letztendlich den Berg und genießen, oben angekommen, die sensationelle Aussicht. Oben angekommen, können wir unsere Festung bauen. Wir können das Bewusstsein und den Stolz in uns, unserer eigenen Angst den Rücken gekehrt zu haben und dem Willen gefolgt zu sein, genießen.

Eine Erfahrung, deren Wert in Worten nicht zu beschreiben ist.

Folge deinem Willen.

Lass dich einfach geschehen.

Und genieße den mit Einsicht gefundenen Weg in die Gelassenheit.

Wer tut dir gut?

Bei Menschen, die sich nicht mehr mit anderen verbunden fühlen, meldet sich plötzlich ein Teil des Unterbewusstseins, der vor genau dieser Hilflosigkeit Angst hat und diese schon von klein auf kennt. Dieser Teil des Unterbewusstseins gibt dann sofort einen Notfall-Plan durch. Und der lautet: »Tu alles, damit du nicht allein sein musst. Tu alles, damit du verbunden bleibst.«

Genau aus diesem unbewussten Denken heraus entstehen Verhaltensweisen, die uns eigentlich nicht guttun: Wir beginnen, das zu tun, was die anderen auch tun, damit wir definitiv nicht aus der Herde ausgeschlossen werden. Übrigens sagen Wissenschaftler sogar, dass bereits in unseren Genen liegt, dass wir nicht aus der Herde ausgeschlossen werden wollen, weil die Evolution uns das gelehrt hat: Wer aus der Herde ausgeschlossen wird, ist leichte Beute für die Raubtiere. Infolgedessen ist Ausgeschlossen-Werden eine Art Todesurteil. Also tun die Menschen, weil es in den Genen geschrieben steht und weil unser Unterbewusstsein uns ständig ermahnt, das, was gefahrenfreier ist. Die Menschen tun das, was ihnen die Verbindung zu anderen Menschen sichert.

Es beginnt schon auf dem Pausenhof: Jugendliche rauchen Zigaretten, bloß damit sie dazugehören und nicht das Gefühl des Ausgeschlossenseins verspüren müssen. Oder sie leben eine Beziehung, in der sie nicht glücklich sind, aber das Gefühl, verlassen zu werden, schlimmer wäre als das Unglücklichsein in der Beziehung mit diesem Menschen.

Aus dieser unbewussten Warnmeldung heraus, möglichst immer von anderen Menschen geliebt zu werden, entsteht ein großes Verlangen danach, anderen zu genügen. Das Gefühl zu genügen scheint für die Menschen deshalb ein besonders bedeutsames zu sein. Und wir vermeiden Situationen, die uns das Gefühl geben könnten, nicht zu genügen. Diesen Fakt, dass wir oft Dinge tun, die wir eigentlich gar nicht tun wollen, sie aber tun, damit wir nicht wieder dieses unangenehme Gefühl des Nicht-Genügens empfinden, sollten wir unbedingt beachten, wenn wir uns die Frage stellen: »Tut mir dieser Mensch gut?«

In vielen solcher Fälle wüssten wir ganz genau, dass die Menschen, über die wir uns diese Frage stellen, uns nicht im Geringsten guttun. Dennoch bleiben wir in der Verbindung mit ihnen. Weil unser Unterbewusstsein Angst vor dem Gefühl hat, diesem Menschen nicht mehr zu genügen, und deshalb eine Warnmeldung durchgibt, die uns beeinflusst.

Eigentlich ist das ja verrückt, dass wir selbst den Menschen genügen wollen, die wir ohnehin gar nicht mögen, nur aufgrund der Warnung unseres Unterbewusstseins: »Achtung, dieser Mensch könnte die Verbindung zu dir trennen!«

Es ist also vielen Menschen lieber, wenn selbst ein Mensch, den wir nicht mögen, nur Gutes von uns denkt und sich nur positiv über uns äußert, als dass wir unserer eigenen Energie treu bleiben, nämlich der, dass wir jenen Menschen gar nicht in unserer Nähe zulassen. Wenn wir uns also die Frage stellen, ob uns ein Mensch guttut, so sollten wir uns an erster Stelle einfach mal die ehrliche Frage stellen, ob wir die Antwort nicht selbst schon wissen.

Wenn ja, so müssen wir uns fragen, ob nicht die Arbeit an uns selbst ein Weg wäre, uns von dem Menschen zu lösen, der uns nicht guttut.

Wenn wir mit unserem Unterbewusstsein arbeiten, es besänftigen und ihm verdeutlichen, dass es nicht ständig solche Warnmeldungen durchgeben muss, haben wir die Sicherheit in uns selbst gefunden. Weil wir uns selbst genügen und deshalb niemand anderem genügen müssen.

Weil wir uns selbst sicher fühlen und keine Sicherheit aus einer fremden Verbindung generieren müssen, sondern die Verbindung und die Liebe zu uns selbst die allerwichtigste ist, wie auch die Verbindung zum Universum. Zur Natur. Wenn wir in der Sonne stehen und die Wärme des Göttlichen auf unserer Haut spüren können. Wenn wir die Winke des Schicksals wahrnehmen und die des Universums, das auf uns schaut. Immer dann soll uns bewusst werden, dass wir nicht auf Verbindungen zu Menschen angewiesen sind, die wir ohnehin nicht mögen.

Dein Unterbewusstsein ist also nicht nur verletzlich, sondern kann auch ausgesprochen resilient, das heißt widerstandsfähig, sein. Indem du stetig an deiner Selbstsicherheit und an deiner geistigen Stärke arbeitest, wird dich so schnell nichts und niemand mehr aus den Socken hauen können.

Erkennen wir eine Verletzung als einmalig und nicht wiederholbar an, dann sinkt die Angst vor weiteren Verletzungen. Meist triggern Menschen, die uns nicht guttun, lediglich diffuse Ängste in unserem Unterbewusstsein. Zu der Person, die uns vermeintlich nicht guttut, hat dies nur insofern einen Bezug, dass sie lediglich eine vorhandene Angst auslöst.

Genau hier läge das Potenzial, nämlich jenes, an den eigenen Ängsten zu arbeiten, sodass andere Menschen die Ängste gar nicht mehr triggern können. Viele Ängste, die zwar da sind, sind uns gar nicht wirklich bewusst, es sind oft diffuse Ängste, die nicht rational zu begründen sind, aber unser Leben dennoch beeinflussen.

Beispielsweise die diffuse Angst davor, sich in Menschenmengen zu bewegen, oder eine diffuse Zukunftsangst oder die Angst vor Veränderung. Wenn wir lernen, mit diesen Ängsten zu arbeiten und diese immer kleiner werden zu lassen und irgendwann, vielleicht sogar unbemerkt, gehen zu lassen, so können andere Menschen diese Ängste gar nicht mehr in uns triggern. Dadurch können wir sogar sehr nahbar sein, denn tief in unserem Inneren wissen wir dann, dass wir nicht mehr verletzbar sind. Wir fühlen uns zunehmend resilienter, sicherer und stärker.

Willst du beispielsweise mehr auf einen negativen Menschen zugehen, dabei zugleich nahbar und unangreifbar sein, so kannst du vorab an deiner Selbstsicherheit, deinem inneren Halt arbeiten. Um diese Ressource in dir zu stärken, habe ich eine sehr einfache Technik entwickelt, die dir behilflich sein kann.

Stärkung deiner Ressource der Selbstsicherheit:

1. Erinnere dich an einen Moment aus deiner Vergangenheit, in dem du dich richtig selbstsicher gefühlt hast. Vielleicht einen von Stolz erfüllten Moment oder einen Moment, in dem du Stärke gespürt hast.
2. Merke dir ein bestimmtes Detail aus diesem einen Moment: einen Gegenstand, eine Farbe, ein Wort. Irgendwas. Dieses Irgendwas ist nun dein persönlicher Anker.

3. Denke ganz fest an diesen Anker, und fühle, wie mit dem intensiven Gedanken daran auch das Gefühl der Selbstsicherheit immer stärker und stärker wird.

Wende diese einfache Technik nur ein einziges Mal von Schritt 1 bis 3 an. Danach brauchst du nur noch Schritt 3 zu wiederholen. Ich empfehle, für einen bleibenden Erfolg, Schritt 3 mindestens fünfmal die Woche anzuwenden, am besten über mindestens vier Wochen hinweg.

Wenn deine innere Selbstsicherheit so richtig ausgebaut sein wird, so wirst du auch schnell erkennen, wie negative Menschen dich gar nicht mehr triggern können. Denn deine Angst wird nasse Füße kriegen, mit zunehmender Selbstsicherheit deinerseits, bis die Angst irgendwann nicht mehr bei dir sein wird, sondern dich verlassen haben wird.

Mut zur Veränderung: Wie du an dir arbeitest

Jeder Klient, der sich von mir behandeln lassen will, strebt eine Veränderung an – eine Veränderung ins Positive. Klienten wollen Ängste, Süchte und andere Probleme gemeinsam mit mir auflösen. Der Klient muss einen eigenen Willen zur Veränderung mitbringen.

Genau so sieht es auch aus, wenn ich Business-Seminare halte und Mitarbeiter und Führungskräfte hinsichtlich der suggestiven Kommunikation schule oder Mitarbeiter-Coachings durchführe. Die Mitarbeiter, wie auch die Führungskräfte, sind allesamt jeweils sehr stark ambitioniert, eine positive Veränderung anzustreben. Doch bei genauerer Betrachtung fällt mir auf, dass der Mensch eher dazu tendiert, Dinge zu tun, die sich bislang so bewährt und keine Probleme verursacht haben.

Beispielsweise erkennen wir dies, wenn wir die Schulbank drücken oder mal eine Weiterbildung machen: Jeder Schüler setzt sich in jeder einzelnen Unterrichtseinheit auf »seinen« Platz. Wir markieren förmlich unser Revier und setzen uns nicht nur aus Gewohnheit wieder an denselben Platz wie bereits am ersten Schultag, sondern auch, weil es sich für uns – und insbesondere für unser Unterbewusstsein – bewährt hat.

Ähnlich sieht es mit unseren negativen Verhaltensmustern aus, die wir aufweisen: Oftmals sind wir uns dessen bewusst, dass wir diese haben – und dennoch kommen wir aus den Mustern nicht so einfach heraus. Unser Unterbewusstsein gibt uns in entsprechenden Situationen förmlich den Befehl: »Tu dies, was sich bislang bewährt hat«, und schon verfallen wir in unsere alten, lästigen Muster.

Mögliche Muster können beispielsweise sein, dass wir, wenn eine Gefahrensituation oder eine Notsituation vorliegt, einfach davonlaufen oder dass wir, wenn es Streit gibt, einfach schweigen und der Meinung sind, dass wir besser nichts sagen statt etwas Falsches.

Diese negativen Muster weisen wir nicht grundlos auf. Alles hat seine Ursache, so auch unsere negativen Muster und Verhaltensweisen. Meist hängen sie stark mit Prägungen zusammen.

Wollen wir diesen negativen Mustern entkommen, so müssen wir sie uns zuerst einmal eingestehen können. Viele Menschen weigern sich vehement, überhaupt an sich zu arbeiten, weil sie der Meinung sind, sie gingen bei allem vollkommen korrekt und begründet vor. Dennoch müssen sich Menschen mit dieser Haltung in solchen Momenten eingestehen, dass das Leben wohl einfacher für sie und vielleicht auch für ihre Mitmenschen wäre, würden sie an sich arbeiten können.

Haben wir also die Möglichkeit und die Fähigkeit, unser eigenes Verhalten zu reflektieren und eine Metaebene zu erlangen – sprich: zu versuchen, uns und alles aus einem neutralen und objektiven Blickwinkel zu betrachten –, so sind wir der positiven Veränderung bereits einen wesentlichen Schritt näher, da wir die notwendige Einstellung und Haltung dazu aufweisen.

Anschließend ist elementar, dass wir versuchen herauszufinden, weshalb wir diese negativen Eigenschaften oder Verhaltensmuster aufweisen. Wir sollten die Gründe für unser Verhalten kennen, sodass wir dieses besser verstehen können. Haben wir diese Ursachen nach langem Überlegen herausgefunden oder ahnen wir, woher dieses Verhaltensmuster kommt, so können wir schon eher schlussfolgern, auf welche Weise wir dem negativen Verhaltensmuster entgegenwirken möchten. Oftmals kann dabei auch hilfreich sein, dass wir uns vorstellen, wie die Realität aussehen würde, wenn wir dieses unerwünschte Verhalten nicht ans Tageslicht bringen würden. Oftmals kann uns auch die eigene Frage »Welches Verhalten möchte ich stattdessen aufweisen?« unterstützen.

Ein Leben ohne Veränderungen ist kein Leben. Unser Leben basiert auf neuen Lebensabschnitten und Veränderungen, insbesondere wenn wir mit einer gewissen Situation oder mit einem eigenen Verhalten nicht mehr zufrieden sind. Wagen wir es, die Veränderung anzugehen, insofern wir eine Veränderung überhaupt anstreben, so nehmen wir von selbst eine neue innere Haltung an.

Natürlich verstehe ich auch Menschen, die sich vor Veränderung scheuen, weil sie mit ihrer aktuellen Lage schlichtweg zufrieden sind. Diese Menschen unterstütze ich voll und ganz in ihrer Haltung. Doch um echte nachhaltige Resultate zu erreichen, sollte man eine Veränderung wagen.

Es ist eine schöne Tatsache, dass wir bis zu unserem letzten Atemzug Neues dazulernen – dass sich bis zu unserem letzten Atemzug unsere Gedanken, unsere Gefühle und auch unser Verhalten verändern können. Wer an sich arbeitet, hat nicht nur die Möglichkeit, der Gefangenschaft in den eigenen Mustern zu entkommen, sondern auch, mit sich selbst einige Schritte voranzukommen. Insbesondere wer seine eigenen Gene weitergibt und Nachwuchs hat, sollte meines Erachtens die Haltung weitergeben, dass zwar jeder Mensch eine eigene Persönlichkeit darstellt und einen eigenen Charakter hat, aber auch jeder das Potenzial hat, an sich und seiner Person zu arbeiten. Wer sich weigert, an sich zu arbeiten und sich geistig weiterzuentwickeln, wird sich mit dem zufriedengeben müssen, was er bisher erschaffen hat.

An sich arbeiten

Wer seine unerwünschten Muster, Haltungen und dergleichen verändern oder gar auflösen möchte, der kann folgender Anleitung folgen, um dem Ziel der Veränderung näher zu kommen:

1. Eine innere Haltung gestalten, an sich arbeiten zu wollen und Veränderungen anstreben zu können.

2. Den Willen aufbringen, den Ursachen für die Eigenschaft auf die Spur zu kommen, um dieses Muster besser verstehen und nachvollziehen zu können.
3. Sich selbst die Frage stellen: »Welches Verhalten möchte ich stattdessen aufweisen?«
4. Die Vorstellung entwickeln, sich in den entsprechenden Situationen zu sehen, wenn ein eigenes positiveres Verhalten ans Licht treten würde.
5. Den Mut aufbringen, Schritte zur eigenen positiven Veränderung zu wagen.

Schlusswort

Sei gewiss, dass Angst etwas ganz Natürliches ist. Leider aber werden wir nicht von Grund auf darin unterrichtet, dass unsere Vergangenheit und auch die äußeren Einflüsse, wie die Menschen um uns herum, maßgebende Einflussfaktoren sind.

Es gibt viele Faktoren, die uns darin beeinflussen, ob wir Angst haben oder nicht. Die fünf wichtigsten dieser Faktoren, die ich in diesem Buch immer wieder behandelt und so für dich eingeflochten habe, dass sie für dich leicht verständlich waren, sind die folgenden:

Prägungen:

Prägungen aus unserer Vergangenheit, die unser Unterbewusstsein in Zukunft verhindern will, weshalb es dann auch vermeintliche Schutzmechanismen entwickelt, die zunehmend einengen, als wirklich zu schützen.

Externe Faktoren:

Menschen, die uns verletzen oder die uns mit ihren Worten negativ beeinflussen oder gar Angst machen. Wir sollten Menschen um uns wissen, die uns wirklich guttun.

Autogene Faktoren:

Wir selbst, wenn wir uns mit unwahren Glaubenssätzen das Leben selbst schwer machen.

Endogene Faktoren:

Wie dein Körper und dein Geist funktionieren. Jeder Organismus geht mit jeder Situation anders um.

Convincer:

Dies sind Dinge, die vorfallen, die vermeintlich einen schlechten Glaubenssatz beweisen. Convincer sind übersetzt »Überzeuger«.

Arbeite immer wieder an diesen fünf Einflussfaktoren. Sei gewiss, dass sich jede Arbeit an dir selbst auszahlt. Verstehe dich und dein Unterbewusstsein. Greife deinem Unterbewusstsein unter die Arme. Dein Unterbewusstsein will dir helfen, und du hilfst ihm.

Tue es bewusster, und komme damit geistig einen riesigen Schritt voran.

Ich wünsche dir nur das Allerbeste.

Bleib immer bei dir.

Bleib dir treu.

Gabriel Palacios

Quellen

Dieses Buch ist die Essenz aus folgenden Büchern von Gabriel Palacios:

»Wer tut dir gut?« Allegria, Berlin 2019

»Verarsch mich nicht« Allegria Taschenbuch, Berlin 2018

»Entscheidungen« Cameo, Bern 2018

»Lass dich einfach geschehen« Cameo, Bern 2015

»Ich sehe dich« Allegria Taschenbuch, Berlin 2014

»Hypnotisiere mich« Cameo, Bern 2013